मोदी संशोधित भारत

दुष्यंत चाहर

Notion Press

Old No. 38, New No. 6
McNichols Road, Chetpet
Chennai - 600 031

First Published by Notion Press 2019
Copyright © Dushyant Chahar 2019
All Rights Reserved.

ISBN 978-1-64650-572-2

युवा किसान प्रस्तुत करता है।

भाग - 1

अन्याय के विरूद्ध

मोदी संशोधित भारत

नये भारत का उदय

(दुश्यंत चाहर)

अनुक्रम

अनुक्रम

यह लेखन अनुयान (ट्रेलर) है

भाग-1 के बारे में- यह लघु पुस्तक सीमित संख्या में मगर जरूरी तथ्यों के साथ सही शब्दों का प्रयोग करते हुए लिखी गयी है। यह आजाद भारत में 70 वर्षो के राजनैतिक अन्याय के सतही इतिहास को दर्शाती है और 21वीं सदी के दूसरे दशक में हुए राजनीतिक बदलाव की सफल जमीनी नीतियों पर प्रकाश डालती है जिससे सभी मौजूदा राजनीतिक पार्टियाँ सीख लेकर देश के स्वच्छ समृद्ध भविष्य के लिए देश की जमीनी जरूरतों के अनुकूल अपनी बुनियादी दूरदर्शी सोच के तहत अपने नियम और नीतियाँ तय करे क्योंकि यह वाद-विवाद व विचार धाराओं के विरोधाभाषों से परेय देश के विकास में अपनी राजनीतिक बुद्धिमत्ता का प्रयोग करने का समय है।

जय हिन्द

आभार

नमस्कारम्, सर्वप्रथम मैं देश के ओजस्वी प्रधानमंत्री मा0 श्री नरेन्द्र मोदी जी का बहुत आभारी हूँ जिन्होनें आजादी के बाद पहली बार राजनीतिक स्वार्थों के मध्य सिमट चुके प्रधान सेवक के सीमित दायरे का जमीनी तौर पर विस्तार कर जन-जन के हृदय में "राष्ट्रहित सर्वोपरी" की जरूरी भावना को जागृत किया है मा0 प्रधानमंत्री जी की कार्य कुशलता, सन्तुलित राजनीतिक समझ, पारदर्शी नीतियों में राष्ट्र सेवा के प्रति झलकते समर्पण भाव ने देश की युवा पीड़ी को विकास के इस महायज्ञ में अपना योगदान देने के लिए स्थाई तौर पर प्रेरित किया है यही कारण है कि मुझे एक युवा किसान के तौर पर कृषि के साथ-साथ देश हित में लेखन की शुरू आत करने की प्रेरणा मिली। इसके साथ ही में अपने माता-पिता, भाई-बहिनों तथा उन सभी मित्रों का आभारी हूँ जिन्होनें लेखन के दौरान हर सम्भव मेरा सहयोग किया।

प्रणाम, जय हिन्द

एक पवित्र प्रार्थना जिसका प्रभाव भारत के यशस्वी प्रधानमंत्री मा0 श्री नरेन्द्र मोदी जी के व्यक्तित्व में नजर आता है

मैं भारतीय संस्कृति के महान संत नरसी मेहता तथा भारत के राष्ट्रपिता को नमन करते हुए क्षमा चाहता हूँ क्यों कि मैंने इस स्वर्णिम प्रार्थना में कुछ शब्दों का जरूरी रूपान्तरण करते हुए देश व मानवता के हित में प्रयोग किया है।

मनुष्य जन तो तेने कहिये जे

पीड़ पराई जाने रे

पर दुख्खे उपकार करे तो ये

मन अभिमान न आने रे

मनुष्य जन तो तेने कहिये जे३

सकल लोक मन सहुने वंदे

नींदा न करे केनी रे

वाच काछ मन निश्चल राखे

धन-धन जननी तेनी रे

मनुष्य जन तो तेने कहिये जे३

संम-दिष्टी ने तृष्णा त्यागी

पर- स्त्री जेने मात रे

जिहृवा थकी असत्य न बोले

पर - धन नव झाली हाथ रे

मनुष्य जन तो तेने कहिये जे३

मोह - माया व्यापे नहीं जेने

द्रिढ़ वैराग्य जेना मन मां रे

राम नाम सुन ताली रे लागी सकल तिरथ तेना तन मान रे

मनुष्य जन तो तेने कहिये जे

पीड परायी जाने रे

वण लोभी ने कपट-रहित छे

काम क्रोध निवार्या रे

भणे नरसैय्यों तेनु दर्शन करतां

कुल एकोतेर तारय्या रे

मनुष्य जन तो तेने कहिये जे

पीड परायी जाने रे।

हिन्दी अनुवाद-

सच्चा मनुष्य वही है, जो दूसरो की पीड़ा को समझता हो।

दूसरों के दुख पर जब वह उपकार करे, तो अपने मन में कोई अभिमान ना आने दे।

जो सभी का सम्मान करे और किसी की निरर्थक निन्दा न करे।

जो अपनी वाणी, कर्म और मन को छल मुक्त रखे, उसकी माँ धन्य-धन्य है।

जो सबको समान दृष्टि से देखे, सांसारिक तृष्णा से मुक्त हो, पराई स्त्री को अपनी माँ समझे।

जिसकी जिह्वा असत्य बोलने पर रूक जाये जो दूसरों के धन को पाने की इच्छा न करे।

जो मोह माया में व्याप्त न हो, जिसके मन में दृढ़ वैराग्य हो।

जो हर क्षण सत्य (राम) के सम्पर्क में हो उसके शरीर में सारे तीर्थ विद्यमान है।

जिसने लोभ, कपट, काम, और क्रोध पर विजय प्राप्त कर ली हो।

ऐसे मनुष्य के सम्पर्क में रहने मात्र से कई पीढ़ियाँ तर जाती है।

नोट- इस स्वर्णिम प्रार्थना की रचना हुए कई सौ वर्ष बीत गये मगर इसका महत्व कम नहीं हुआ, मानवता के आदर्श गुणों को प्रदर्शित करती हुई यह प्रार्थना- प्रत्येक मनुष्य को पूर्ण सन्तुलित मनुष्य में रूपान्तरित होने की प्रेरणा देती है। फिर वह व्यक्ति चाहे राजनीतिक क्षेत्र में हो या अन्य किसी क्षेत्र में हो। इस प्रार्थना में दर्शायें गये पूर्ण आदर्श गुणों के साथ ही परिवार, समाज व राष्ट्र का सहज विकास सम्भव है।

प्रणाम

किसान के हाथ में कलम क्यों

मैं एक युवा भारतीय किसान हूँ और मैं एक मध्यम वर्गीय परिवार से आता हूँ मेरी शैक्षिक योग्यता समान्य स्तर पर पूर्ण हुई है। मैं कृषि क्षेत्र में अपना करियर बनाना चाहता था लेकिन मेरे देश के जमीनी हालातों को देखकर मैं निराश हो गया था परन्तु अब स्वयं को और प्रत्येक किसान को इस निराशा से ऊपर उठाने का संकल्प लिया है मैंने कभी नहीं सोचा था कि मुझे एक युवा किसान के रूप में देश के बुनियादी विकास की जमीनी कहानी लिखने के लिए कलम उठानी पड़ेगी। मैं सीमित कृषि संसाधनों के माध्यम से कृषि को आर्थिक विकास का जरिया बनाने की कोशिश में लगा हुआ था, लेकिन जब मैंने 70 वर्ष के राजनीतिक इतिहास के दौरान किसानों तथा गरीबों के साथ हुए अन्याय की हकीकत को जाना तो बहुत पीड़ा हुई कि कोई भी राजनीतिक सत्ता इतने लम्बे समय तक देश के बुनियादी विकास के प्रति लापरवाह कैसे हो सकती है। और एक मजबूत सरकार पूरी जिम्मेदारी से जमीन पर कार्य करे तो कम समय में देश की बुनियादी हालत को किस हद तक सुधारा जा सकता है यह इन पाँच वर्षां (2014-2019) में सावित हो गया है। इसलिए इस पीड़ा को प्रेरणा की तरह स्वीकार करते हुए, कलम से किसानों और देश का जमीनी सत्य उजागर करने के लिए इस जरूरी लेखन की शुरू आत की है। इस लिए हम आशा करते है कि आप **"मोदी संशोधित भारत"** के प्रथम भाग को पक्ष विपक्ष की राजनीतिक मानसिकता से ऊपर उठकर एक जागरूक नागरिक और मतदाता के तौर पर अध्ययन करें। आप सभी की जागरूकता ही

आपके परिवार, समाज व राष्ट्र का मजबूत आधार है इसलिए इसे राष्ट्रहित की दृष्टि से ही अध्ययन करें।

प्रणाम

❧ ❧

नोट- हमने इस लेखन के माध्यम से लोकतांत्रिक भारत के विकास की राजनीतिक सम्भावनाओं को उजागर करने का प्रयास किया है हमारा उद्देश्य किसी भी राजनीतिक दल के राजनीतिक सिद्धान्तों का विरोध करना नहीं है।

❖ <u>जातिवाद से राष्ट्रवाद की ओर</u>

"भारत में राष्ट्रवाद का विचार किसी विशेष धर्म, समुदाय अथवा जाति से नहीं आता है। भारतीय नागरिक के तौर पर यह हम सभी की सहज संवैधानिक जिम्मेदारी है"

लेखक

"जातिगत राजनीति से परे, सांस्कृतिक विविधताओं का संतुलन जरूरी राष्ट्रवाद का आधार है।"

अज्ञात

भारत धरती पर सबसे जटिल सांस्कृति विरासत के साथ, एक एकत्र समावेशी राष्ट्र है एक तरफ इसकी राजनीतिक सीमाओं में प्रत्येक संस्कृति अपने विकास की भुजाए खोले हुए है दूसरी तरफ इसकी मूल संस्कृति का विकास राजनीतिक सीमाओं से परे व सीमा रहित है। 70 वर्ष पूर्व मिली आजादी ने हमें अमानवीय ढंग से काट छांट कर राजनीतिक रूप से एक सीमा में समेट दिया, अंग्रेजी शासन को मध्यस्थ बनाकर उस समय के बरिष्ठ राजनेताओं द्वारा विभाजन का जो फैसला लिया गया वह निर्मम, संवेदनहीन और लापरवाही से भरा था इस प्रक्रिया ने एक राष्ट्र के रूप में हमारी राष्ट्रवादी भावना को उभरने से पहले ही नष्ट कर दिया, लेकिन विभाजन तथा आर्थिक तंगी के दर्द से कराहते इस देश ने एक जुटता के साथ इस कठोर सत्य को स्वीकार किया और एक स्वतंत्र लोकतांत्रित राष्ट्र के रूप में संगठित हुआ, जहाँ सभी नागरिकों को संविधान के अनुसार पूर्ण स्वतंत्रता से जीवन जीने का अधिकार मिला, अपने जीवन, समाज व राष्ट्रीय हितों को प्राथमिकता देते हुए लोक तांत्रिक व्यवस्था के अन्तर्गत स्वतंत्र रूप से अपना राजनीतिक जनप्रतिनिधि चुनने का अधिकार है अथवा समाज व राष्ट्रीय सेवा करने के लिए चुनाव में अपनी उम्मीदवारी दर्ज कराने का अधिकार है। यह लोकतंत्र की खूबसूरती है कि इसमें विवाद विद्रोह हुए बिना सत्ता को परिवर्तित किया जा सकता है तथा देश के मतदाता अपने क्षेत्र व राष्ट्र की मौजूदा स्थिति को देखते हुए स्वतंत्र रूप से योग्य राजनीतिक प्रतिनिधि चुन सकते है।

मगर कुछ समय पूर्व के भारत के सम्बन्ध में यह लोकतांत्रिक व्यवस्था अधर में लटकी नजर आती थी। स्वतंत्र रूप से अपना राजनैतिक प्रतिनिधि चुनने की शानदार प्रणाली कुछ एक परिवारों तक सीमित रह गई थी। जनलोकतंत्र को विकसित करने के सभी वुनियादी विकल्प खत्म कर दिये गये, सारा देश गिने-चुने परिवारो के उतार चढ़ाव, मतभेदों के इर्द-गिर्द घूमता रहा- अप्रत्यक्ष रूप से यह सब लोकतंत्र को पारिवारिक सीमाओं में कैद करने जैसा था। जिससे भारत के आंतरिक राजनीतिक हालात, लोकतांत्रिक दृष्टि से पूरी तरह गतिहीन हो गये, जिन्होंने हमें कागजी कानूनों के द्वारा समानता के सांचे में फिट किया थावह यह जानते थे कि देश में धर्म और जातिगत पहचान की जड़ कितनी गहरी है। और उन्होंने इसका भरपूर राजनीतिक फायदा उठाया।

इसलिए यह ध्यान देने का विषय है कि स्वतंत्र भारत के राजनीतिक पटल पर राजनीति का अर्थ, विभिन्न राजनीतिक दलों की आपसी चाटुकारिता तथा षणयंत्रों के साये में आरोप-प्रत्यारोप की राजनीति का खेल रह गया था। जिसमें विकास के जमीनी मुद्दों से परेय अपने अर्थहीन राजनीतिक वजूद को वचाने के लिए आपसी शोरगुल में जनता को इतना मसगूल कर दिया जाता था। कि राजनीतिक दल निम्न से निम्न स्तर पर जाकर नागरिकों के मध्य नस्लीय, जातिय व सामुदाय भिन्नताओं में टकराव पैदा कर चुनावी लाभ लेने के लिए तत्पर रहा करते थे।

भारत में यह खेल विभिन्न राजनीतिक दलों के मध्य में दशकों से खेला जा रहा था। देश की जनता की जरूरतें तथा उम्मीदें इस राजनीतिक घर्षण के मध्य पिसती रही है। विकास के सम्बन्ध में इस समय सीमा के मध्य हमारे देश में हुए जमीनी विकास के जो निशान नजर आते है। वह उन कर्मठ राजनैताओं के है। जिन्होनें

देश की जड़ को पोषित करने के लिए अपने निजी स्वार्थों को त्याग कर देश में स्वच्छ राजनीतिक वातावरण वनाये रखते हुए अपने कर्तव्यों का पूर्ण जिम्मेदारी के साथ निर्वहन किया जिसमें कुछ महा पुरूषों का नाम उल्लेखनीय है।

1.   महात्मा गांधी

2.   नेताजी सुभाष चन्द्र बोस

3.   सरदार बल्लभ भाई पटेल

4.   डॉ0 बी0 आर0 अम्बेडकर

5.   श्री लाल बहादुर शास्त्री

6.   डॉ0 राममनोहर लोहिया

7.   चौधरी चरन सिंह

8.   जय प्रकाश नारायण

9.   पं0 दीनदयाल उपाध्याय

10. डॉ0 ए0 पी0 जे0 अब्दुल कलाम

11. अटल बिहारी वाजपेयी

लेकिन भारत के विशाल भूखण्ड के कल्याण के लिए ऐसे जनसेवक राजनीतिक महापुरूषों की यह स्वर्णिम श्रंखला निरन्तर जारी रहनी चाहिए थी। मगर यह इस देश की अचेतनता का परिणाम है कि लम्बे समय तक ऐसा नहीं हुआ। जैसा कि हमने पहले कहा है कि अशिक्षा और गरीबी की गर्त में पड़े इस महान राष्ट्र का यह दुर्भाग्य रहा है। कि हमारे लोकतांत्रिक राष्ट्र की राजनीतिक रूपरेखा कुछ गिने-चुने परिवारों की पीढ़ियों की राजनीतिक विरासत बना दी गयी। जिन्होंने हमें गरीब और गरीबी को अपने को राजनीतिक चश्मे से जातियों व वर्गों में विभाजित कर दिखाया था। आज वही राष्ट्रीय व क्षेत्रीय दल अपने राजनीतिक

बजूद को बचाने की लड़ाई लड़ रहे है। यह ध्यान देने का विषय है कि आजादी के समय क्रान्तिकारियों ने जिस राजनीतिक पार्टी की नींव राष्ट्रहितों को सर्वोपरि मानकर रखी थी। आखिर वह एक परिवार की राजनीतिक लालसाओं को पूरा करने का माध्यम बन गई है। तथा अपने राजनीतिक अस्तित्व की अंतिम लड़ाई लड़ रहे कुछ क्षेत्रीय दलों की सहयोगी मात्र बनकर रह गयी है।

"जिन्होंने क्षेत्रीय व राष्ट्र स्तर पर अपने निजी हितों की पूर्ति के लिए सत्ता स्वार्थ से प्रेरित राजनीति करते हुए देश के लोकतंत्र और अर्थतंत्र को अपाहिज बना दिया है। जिससे कि हमारे देश का बेरोजगार युवा इस दोबली (अस्थिर) राजनीति के दवाव में, इनके समक्ष मजबूर बना रहे पर कभी मजबूत न बने।"

वर्तमान भारत के सम्बन्ध में एक सकारात्मक तथ्य यह है कि 60 वर्षों से अप्रत्यक्ष रूप से लोकतंत्र की सरपरस्ती में चली आ रही निरंकुश शासन सत्ता की राजनीतिक महत्वाकांक्षाओं के मध्य कुछ महान शख्सियतों का उदय हुआ था जिनका हम जिक्र कर चुके है। इन आदर्शों के साये में वर्तमान भारत के राजनीतिक क्षितिज पर उन महान आदर्शों से समाज व राष्ट्र को पुनः सींचने के लिए एक जिम्मेदार नेतृत्व का उदय हुआ है जो भारत को जातिवाद से विकसित राष्ट्रवाद की ओर लेकर जा रहा है।

★ मौजूदा समय में इस महान समावेशी राष्ट्र के तेजी से बदलते आन्तरिक राजनीतिक हालातों से सत्ता अदला-बदली (इस बार हम अगली बार तुम) की राजनीति करने वाले क्षेत्रीय दलों की तुच्छ राजनीति को खत्म हो रही है। इससे राज्य व केन्द्रीय राजनीति के मध्य सन्तुलन का माहौल उत्पन्न हो रहा है। यह भारत के सामाजिक

क्षेत्रीय व राष्ट्र स्तरीय टकराव मुक्त विकास के लिए बहुत आवश्यक था जिससे राज्यों और केन्द्र के मध्य आरोप-प्रत्यारोपों की गैर जरूरी राजनीति बन्द हो गई है।

भारत की आदर्श राजनीतिक विचाराधाराओं का संगम है- श्री नरेन्द्र मोदी

21वीं सदी के दूसरे दशक में भारत के राजनीतिक पटल पर राष्ट्र के सांस्कृतिक व सामाजिक आदर्शों से प्रेरित एक कर्मठ प्रभावशाली नेतृत्व का उदय हुआ है, जो भारत के जनप्रिय नेताओं व उनके जमीनीं सिद्धान्तों का शानदार समावेश है। वर्ष 2014 में। देश के 85 करोड मतदाताओं द्वारा चुने गए राजनीतिक नेतृत्व ने।

1. संविधान संस्थापक बाबा साहब भीमराव अम्बेडकर के राजनीतिक विचार "गरीब व शोषित लोगो को पुनः पोषित तथा सशक्त किया जाना चाहिए" को जमीनी रूप देने का सफल प्रयास किया है।

2. भारत के जनप्रिय प्रधानमंत्री श्री लाल बहादुर शास्त्री जी तथा चौधरी चरण सिंह जी के संयुक्त विचार "जय जवान जय किसान" को देश की राजनीति में घोलकर मोदी सरकार ने देश की सुरक्षा और विकास को जमीनी गति दी है।

3. पंडित दीन दयाल उपाध्याय जी के अन्तोदय (अन्तिम नागरिक तक विकास) को जमीन पर सफल बनाने के लिए सार्थक प्रयास किए है।

4. डॉ0 राममनोहर लोहिया जी के श्रेष्ठ विचार "भेदभाव मुक्त सन्तुलित समाज ही सशक्त राष्ट्रवाद व राष्ट्रीय

विकास का आधार है" को भारतीय समाज में साकार किया है।

5. महान वैज्ञानिक और जनता के अतिप्रिय राष्ट्रपति डॉ0 एपीजे अब्दुल कलाम के स्वर्णिम विचार "तकनीक से तरक्की की ओर" को अपने पाँच वर्षों में जमीन पर सफल कर दिखाया है।

6. अन्त में भारत के भूतपूर्व जनप्रिय प्रधानमंत्री स्व0 श्री अटल बिहारी वाजपायी जी के सर्वश्रेष्ठ मार्मिक विचार "राष्ट्रहित सर्वोपरि" को प्रथम महत्व देते हुए, मोदी सरकार ने देश हित में सर्वश्रेष्ठ व जमीन से जुड़ी हुई नीतियों को प्रमाणित कर दिखाया है।

❖ जब हर स्तर पर बेबस थे-तब कहा "जय जवान जय किसान"

वर्तमान में वैश्विक राजनीति का सत्य है कि अगर नेतृत्व की प्रथम प्राथमिकता में देश के जवान और किसान का विकास है तो वह नेतृत्व देश को सहजता पूर्वक विकास के अगले स्तर पर ले जायेगा।

लेखक

मैं हर भारतीय को याद दिलाना चाहता हूँ जब "जय जवान जय किसान" के ऊर्जावान सम्बोधन के द्वारा देश को पुनः खड़ा करने के लिए भारत के जवानों और किसानों का आमंत्रित किया गया, उस समय देश दर्दनाक हालातों से गुजर रहा था, वर्ष 1947 में अंग्रेजी शासन भारत को जिस स्थिति में छोड़कर गया वह असहनीय तथा भयानक स्थिति थी हमारा देश सीमाओं पर हमले झेल रहा था और अन्दर भुखमरी फैली हुई थी, ऐसे हालातों में इस महान संस्कृति व राष्ट्र को संगठित कर विकास के आधार पर पुनः खड़ा करना, देश के राजनेताओं के लिए चुनौतीपूर्ण था क्योंकि देश के निर्मम विभाजन के वक्त जनता जातिवाद और सामुदायिक भिन्नताओं में उलझी हुई थी। उस समय की नेहरू सरकार देश को इस भीषण परिस्थिति से बाहर निकालने का बुनियादी रास्ता नहीं निकाल सकी- लेकिन (1950-64) तक चली इस जद्दोजहद और विपरीत स्थितियों से लोहा लेने के लिए ग्रामीण भारत के श्रेष्ठ राजनीतिक प्रतिनिधि जनप्रिय प्रधानमंत्री स्व0 श्री लाल बहादुर शास्त्री जी ने पूर्ण राजनीतिक सन्तुलन के साथ बाहरी हमलों से राष्ट्र की सुरक्षा करने के लिए देश के महान सैनानायक नेताजी सुभाषचन्द्र बोस की बनाई हुई नौजवान सैना को "जय जवान" के प्रेरणादायक नारे से सम्बोधित कर देश की सीमाओं को अभेद बना दिया सैना के जवानों ने रक्षा संसाधनों के अभाव में भी देश को सुरक्षा प्रदान की थी। वही दूसरी तरफ देश को भुखमरी तथा आर्थिक तंगी के हालातों से बाहर निकालने के लिए देश के किसानों को "जय किसान" के प्रेरणादायक कथन से सम्बोधित कर राष्ट्र को पोषित करने के लिए आहवान किया।

परिणाम स्वरूप देश की आधी से ज्यादा आबादी जो भुखमरी से ग्रस्त थी उसकी खाली थाली को भोजन से भर दिया, हमारे महान किसानों ने इस अखण्ड धरती के साथ मिलकर आवश्यकता

से अधिक अनाज उत्पादन किया जिससे देश के नागरिकों को पोषित कर आर्थिक विकास के मार्ग पर अग्रसर किया। परन्तु उस समय की सरकारो ने जवानों और किसानों के द्वारा की गयी इस महान राष्ट्र सेवा के लिए जरूरी प्रोत्साहन पर भी ध्यान नहीं दिया। इस तरह दशको तक चली सरकारों व्दारा की गई जवानों और किसानो के बुनियादी हितो की अनदेखी के कारण देश मे असुरक्षा का भाव और आर्थिक तंगी की स्थिति पैदा हुई थी।

"जय जवान जय किसान" के सम्बोधन का जिक्र आज क्यो?

आजादी के बाद भारत एक स्वतंत्र राष्ट्र के रूप में भी कई वर्षो तक बाहरी हमलों और भुखमरी से ग्रस्त रहा- इस स्थिति के पीछे लापरवाह और दूरदर्शी सोच की कमी से ग्रस्त राजनीति थी। ऐसे भीषण हालातों में देश के विकास या अन्य पहलुओं के बारे में सोचना निरर्थक था- विकास के विपरीत खड़ी परिस्थिति से देश को बाहर निकालने के लिए हमारे जवानों और किसान भाइयों ने अपना सर्वस्व त्यागकर अथाह परिश्रम का परिचय देते हुए देश को टूटने से बचाया। लेकिन दशकों तक सत्ता में रहे राजनीतिक नेतृत्व ने इस महान योगदान के बावजूद भी जवानों और किसानों के हितों को नजर अंदाज किया।

1. जवानों के सम्बन्ध में।

सत्तर के दशक में घटी सैना के जवानों की इस गौरव गाथा को कई दशक बीत गए, हमारे जवान आज भी उसी वेग से शोर्य का परिचय दे रहे है, हमारी तीनों सैनाओं ने इतने लम्बे समय लगभग

6 दशक तक रक्षा संसाधनों व रक्षा सामग्री के अभाव में अपनी सर्वश्रेष्ठ वीरता का परिचय देते हुए सीमाओं को अन्त तक सुरक्षित बनाए रखा।

लेकिन पिछले 60 वर्षों से नेतृत्व में रही सरकारों ने सैन्य बलों को आधुनिक रक्षा संसाधनों से वंचित रखकर जवानों और देश की सुरक्षा से खिलवाड़ किया अपना सर्वस्व त्यागकर देश की सुरक्षा में अन्तिम छोर पर खड़े हमारे जवान खुद असुरक्षित रहे है। पिछले कमजोर राजनीतिक नेतृत्व के कारण हमारे जवानों के पास प्रथम स्तर के बाहरी हमलों से खुद की सुरक्षा करने के लिए रक्षा उपकरण नहीं थे, देश की राजनीतिक सत्ता शासन के अन्तिम दिनों तक ऐसा करने में असफल रही।

यह हम सभी के लिए बहुत ध्यान देने का विषय है कि इतने लम्बे समय तक विकास से परे हिन्दू - मुस्लिम - सिख कश्मीर और पाकिस्तान पर चिल्ला-चिल्ला कर राजनीति करने वालों को एक सरल बात समझ नहीं आई कि हम सैना को डिफेन्स कहते है (रक्षा संगठन) अटैक (आक्रमणकारी) नहीं- अगर देश की रक्षा करने वाला सैनिक ही असुरक्षित है तो इसका मतलब साफ है कि देश लम्बे समय तक कमजोर नेतृत्व के हाथो में रहा है।

जो राष्ट्र हमारे बाद में आजाद हुए वह अपनी सुरक्षा आवश्यकता के चलते राष्ट्र रक्षा के मामले में हम से कई गुणा अधिक अत्याधुनिक रक्षा तकनीक का इस्तेमाल करते है, वह अपने राष्ट्र की सुरक्षा से जुड़ी मूलभूत जरूरतों पर तुच्छ राजनीति नहीं करते है, ना ही राष्ट्रीय सुरक्षा के मसले को चुनावी मुद्दा बनाकर वोट प्राप्त करने का माध्यम बनाते है, लेकिन हमारे यहाँ भारत में पिछले दशकों में देश और जवानों की सुरक्षा से जुड़े मुद्दे पर

लोकतंत्र की आड़ में चलाई गई, आरोप-प्रत्यारोप की कुराजनीति के चलते सुरक्षा इन्तजामों के अभाव में देश के वीर सैनिकों ने अपनी जान गवाँई है।

नोट- "छह दशकों के राजनीतिक शासन में सैना की जरूरतों को नजर अंदाज करते हुए आधुनिक रक्षा सामग्री लाने में दशकों की देरी की गई, सैना को अन्त तक असुरक्षित रखने वाले अपने नेतृत्व की कमजोरियों को छुपाकर इस युवा देश को भृमित करने के लिए सैना के पराक्रम पर सवाल उठा रहे है।"

2. किसानों के सम्बन्ध में-

भारत कृषि प्रधान देश है, यह महान शब्द सुनते-सुनते देश को 70 वर्ष हो गए कि भारत एक कृषि प्रधान देश है इस वाक्य के पीछे छिपे गूढ़ उद्देश्य को कभी पूरा नहीं किया गया यहाँ तक उस उद्देश्य के इर्द-गिर्द भी नहीं पहुँचा गया- भारत एक कृषि प्रधान देश है, इस जिम्मेदारी को हमारे देश के किसानों ने विपरीत स्थिति में भी निभाया है, लेकिन **60 वर्ष लम्बे समय तक राजनीतिक सत्ता में रही सरकार ने, कृषि और किसान के विकास को अपना प्रधान राजनीतिक उद्देश्य नहीं बनाया, इसलिए इस कृषि प्रधान देश में किसान एक चुनावी मुद्दा मात्र रहा है** दशकों से कुछेक परिवारों के इर्द-गिर्द घूमती आरोप-प्रत्यारोप की क्षेत्रीय व राष्ट्रीय राजनीति ने लोकतंत्र के साथ-2 देश के किसानों को बद से बद्तर स्थिति में पहुँचाया जिस महान किसान ने गरीबी, आर्थिक तंगी से लड़ते हुए अनाज व खाद्य सामग्री के अभाव में भुखमरी के उस भयानक दौर में देश को पोषित करने के लिए सफल परिश्रम किया उससे देश की समुची व्यवस्था विकास की पटरी पर चढ़ने को उठ खड़ी हुई।

कृषि संसाधनों के अभाव में भी हमारे किसान हमेशा से देश के विकास का मुख्य आधार बने रहे, मगर छह दशकों तक राजनीतिक सत्ता शासन का प्रशिक्षण लेने वाला नेतृत्व ने अपने शासन के अन्तिम समय तक किसानों को विकास की मुख्य धारा में नहीं पहुँचा पाए। परिवार वाद में लिप्त जिन राजनीतिक दलों को हमने दशको तक अपना बहुमूल्य मत देकर प्रथम प्राथमिकता दी, उन्होनें विकास के मुद्दे पर किसान के हितों को जमीनी स्तर पर अन्तिम श्रेणी में रखा इस तथ्य से सम्बन्धित एक विस्तृत उदाहरण।-

जब विश्व भर में आधुनिक विकास की होड़ लगी हुई थी तब भारत में राजनीतिक शासन पर बैठी राजनीतिक सत्ता भी देश की जमीनी हकीकत को समझे बिना तथा विकास की योजनाओं पर जरूरी तैयारी किए बिना ही विकास की इस भेड़ चाल में शामिल हो गई और इस राजनीतिक लापरवाही का भुगतान देश के किसानों को करना पड़ा।

भारत एक कृषि प्रधान देश था भारत का समूचा अर्थ तंत्र कृषि पर निर्भर था, भारत का एक बड़ा भाग मैदानी क्षेत्र है जहाँ पिछले हजारो वर्षो पवित्र से नदियाँ बहती आई है, नदियों के कारण ही भारत का एक बड़ा मैदानी भाग, कृषि से सम्पन्न हो पाया, नदियाँ ही देश में विकास की गंगा को बहा रही थी, इसलिए भारत महानदी राष्ट्र भी कहा जाता था। लेकिन 60 वर्षो में, हजारों वर्षा से नदियो को जीवित रखने वाले वनों को निर्मम तरीके से काटकर नदियों के किनारों के साथ-साथ कृषि को वीरान कर किसान को बर्बाद कर दिया - नदियाँ अपने आस-पास घने वनों की हरी-भरी चादर ओड़े हुई थी यह वन बर्षा के जल को संरक्षित कर नदी में प्रवाहित करते थे और यह वर्षा वन ही देश में समय पर भरपूर मात्रा में बारिश होने का महत्वपूर्ण कारण थ, जैसा कि हमने पहले कहा- एक समय

था जब भारत को महानदी राष्ट्र कहा जाता था आज हमारी 80 प्रतिशत नदियाँ पूरी तरह सूख चुकी है देश के किसान को हर वर्ष भीषण सूखे का सामना करना पड़ रहा है, क्यों कि जो नदियाँ देश की कृषि को पोषित करने के उद्देश्य से बहती थी उन्हें कारखानों के जहरीले कचरे को ढोने का माध्यम मात्र बना दिया गया है।

नदियों को सुखाने के बाद की पिछली सरकारों ने किसानों के लिए जमीनी स्तर पर कोई ऐसी मजबूत योजना नहीं बनाई गई जो हमारे किसानों के लिए पर्याप्त जल उपलब्ध करा सके, इसका परिणाम यह हुआ कि जो किसान मंदी के दौर में प्रतिवर्ष तीन से चार फसल उगाता था वह दशकों से औसतन फसल मूल्य के दौर में एक फसल उगाता है, जिसके कारण उस पर प्रतिवर्ष आर्थिक बोझ बढ़ता गया है और किसान खेती पर कर्ज लेने पर मजबूर हुआ।

3. कर्ज / किसान /सरकार

"किसान को कर्ज की नहीं फसल की सही कीमत और पर्याप्त कृषि संसाधनों की जरूरत है।"

हमारे ग्रामीण भारत में खेती पर लिए गए कर्ज को आर्थिक अभिशाप समझा जाता है, लेकिन यह हमारे किसानों का दुर्भाग्य है कि वह पिछले दशकों से इस अभिशाप को भुगत रहे है, लम्बे समय तक रही सरकारों के द्वारा किसान को स्थाई तौर पर कर्ज से मुक्त करने के लिए सार्थक और जरूरी राजनीतिक प्रयास नहीं किए गए, इसलिए वह आज तक बार-बार कर्ज लेने और कर्जमाफी के राजनीतिक षड्यंत्र का शिकार होते आ रहे है। क्यों कि दशकों तक राष्ट्र पर राजनीतिक शासन करने वाले परिवारवादी नेतृत्व

ने हमेशा से देश का आधार रहे हमारे किसान भाइयों को कृषि के द्वारा कभी भी आर्थिक तौर पर मजबूत नहीं होने दिया उन्हें हमेशा अपने सामने मजबूर बनाए रखा, किसानों को वोट के बदले उनकी फसल का सही मूल्य तथा सिंचाई के लिए पर्याप्त जल संसाधन उपलब्ध कराने के बजाय उन्हें कर्ज दिया गया। उनके कमजोर राजनीतिक नेतृत्व के कारण खेती पर लागत बढ़ रही थी और फसल मूल्य सबसे निचले स्तर पर कर दिया गया था खेती पर बढ़ती लागत, खेती पर सरकार से लिए गए कर्ज पर बढ़ती ब्याज और निम्न स्तर पर ठहरे हुए फसल मूल्य के कारण किसान भाइयों पर आर्थिक बोझ बढ़ता चला गया- परिणाम स्वरूप जो कृषि देश की आर्थिक रीढ़ है वह घाटे का सौदा बना दी गई थी और किसान को विकास की मुख्य धारा में पहुँचने से वंचित किया गया।

कर्ज के कारण क्या थे?

"जो लोग हर 5 वर्ष बाद किसानों के हमदर्द बनते है वह यह ध्यान रखे कि वह जितनी बार इटली गये थे अगर उस समय एक बार भी इजराइल गये होते तो देश का किसान आज मजदूर नहीं बनता।"

1. पिछली सरकारों के राजनीतिक नेतृत्व द्वारा किसानों को कर्ज देने और कर्ज माफ करने की प्रक्रिया पर अगर देश के नागरिक थोड़ा ध्यान दे तो पाएगें कि यह सत्ता में बने रहने के लिए एक राजनीतिक षड़यन्त्र मात्र नजर आता है क्यों कि पहले अंध विकास के नाम पर हमारी नदियों और प्राकृतिक सिंचाई संसाधनों को ध्वस्त किया गया, फसल के मूल्य में वृद्धि किए जाने की माँग को राजनीतिक आरोप प्रत्यारोपों में उलझाकर फसल मूल्य

को सबसे निचले स्तर पर रखा गया इस प्रक्रिया में किसान पूरी तरह टूट गए, और हमारी अपाहिज आर्थिक स्थिति का राजनीतिक फायदा उठाने के लिए हमें कृषि पर कर्ज दिया गया- अगर दशको के इस राजनीतिक षड्यन्त्र को सरल भाषा में समझे तो यह इस तरह है जैस- "किसी व्यक्ति को पूरी तरह अपाहिज बनाकर उसे वैशाखी देना" जिससे की वह कभी मजबूत ना बने हमेशा मजबूर बना रहें।

"किसी भी प्रकार का कर्ज तब सार्थक सिद्ध होता है जब उसे खेती, व्यवसाय, कारोबार के विस्तार के लिए लिया जाए"

अज्ञात

"कृषि में हर वर्ष मिल रहे घाटे के साथ कर्ज लेना, सरकारो के द्वारा खोदे हुए गड्डे को किसान के द्वारा भरने के तरह है। उससे घाटे की पूर्ति की जाती है। कृषि का विस्तार नहीं।

रमेश चौधरी

"किसानों की कर्जमाफी का मतलब है- कि कई किसान भाइयों ने आत्महत्या की, अनशन किए वह घाटे से उभरने में नाकाम रहा तथा वह एक बार फिर हार गया" पिछली सरकारो ने यही किया"

मीडिया रिपोर्ट

"पहले कर्ज कृषि में हुए आर्थिक घाटे को पूरा करने के लिए दिया जाता था, अब विस्तार के लिए दिया जा रहा है"

अज्ञात

❖ **न वायदे न विचारधारा, विकास बदलाब का आधार**

"आपकी निजी दलगत या राजनीतिक विचार धाराएँ चाहे जो भी हो परन्तु वर्तमान भारत की जागरूक जनता देश के बुनियादी विकास को ही अपना मत देगी"

आमिर खान (ऑटो ड्राइवर)

"वर्ष 2014 में चुनी गई सरकार द्वारा" जय जवान जय किसान का नारा जवानों और किसानों को उनका हक दिलाने के लिए दिया गया। "मौजूदा सरकार ने पिछली सत्ता की तरह अपनी राजनीतिक सत्ता को बचाने के लिए जवानों और किसानों का इस्तेमाल नहीं किया।"

(लेखक)

जय विज्ञान के साथ "जय जवान जय किसास" को प्राथमिकता

वर्ष 2014 लोकतात्रिक भारत के राजनीतिक इतिहास का सबसे ऐतिहासिक वर्ष इस वर्ष भारतीय जनता द्वारा चुनी गई पूर्ण बहुमत की सरकार ने भारतीय सैना और ग्रामीण भारत के जमीनी विकास व जरूरतों से जुड़े मुद्दों को विशेष महत्व देते हुए देश की तीनों सेनाओं के वीर जवानों तथा महान किसानों के कल्या को प्रथम प्राथमिकता दी है- जनता की मौजूदा सरकार ने देश के वीर जवानों की सुरक्षा तथा गरीबी से ग्रस्त गरीब व अन्नदाता (किसान) के आर्थिक हालातों को ठीक करने के लिए देश के महान वैज्ञानिक और जनता के प्रिय राष्ट्रपति डॉ0 एपीजे अब्दुल कलाम जी के वैज्ञानिक विचार "तकनीक से तरक्की की ओर" को आधार बनाकर जवान, किसान तथा जनता के कल्याण के लिए जरूरी जमीनी कदम उठाये है।

पिछले केन्द्रीय नेतृत्व और उसके दलों के द्वारा देश के जवानों तथा किसानों की सुरक्षा व विकास से जुड़े जरूरी मुद्दों को सिर्फ चुनावी ऐजेंडे के तहत भाषणों में गाया बजाया गया, यही कारण रहा है कि सैना के लिए जो आधुनिक रक्षा सामग्री तथा किसानों के

लिए आधुनिक कृषि संसाधन सिंचाई के पर्याप्त माध्यम उपलब्ध नहीं कराये गये जो महत्वपूर्ण मुद्दे 10-15 वर्ष पूर्व जमीनी हकीकत बन जाने चाहिए थे वह आज भी विपक्ष के सभी दलों के चुनावी घोषणा पत्र में नजर नहीं आते है। लेकिन मौजूदा नई भारत सरकार के ऊर्जावान राजनीतिक नेतृत्व ने आरोप-प्रत्यारोप की तुच्छ राजनीति की परवा किये बिना सैनाओं के जवानों को अत्याधुनिक तकनीक का उपलब्ध कराने के लिए इजराइल, फ्रांस, रूस और अमेरिका के साथ एक साथ राजनीतिक सन्तुलन बनाते हुए स्पष्ट पारदर्शी नीति के तहत महत्वपूर्ण जरूरी रक्षा करार किए है, वही दूसरी तरफ देश के आर्थिक आधार को बल देने के लिए देश के किसानों के सर्वांगीण विकास की नीति पर मजबूती से काम किया है, हमारे किसान दशको से सिंचाई की सुविधा तथा आधुनिक कृषि संसाधनों के अभाव में गरीबी की गर्तमें समाते जा रहे है, इसी लिए नई भारत सरकार (2014) ने वर्तमान समय के अनुसार भारत के किसानों की कृषि तथा आर्थिक विकास से सम्बन्धित जरूरतों को ध्यान में रखते हुए इजराइल के आधुनिक कृषि यंत्र सिंचाई संसाधनों तथा कम से कम लागत और पानी में उत्तम फसल तैयार करने की विशेष तकनीकी को देश के सभी किसान भाइयों को उपलब्ध कराने के लिए इजराइल के प्रधानमंत्री श्री बेन्जामिन नेतन्याहू के साथ सफल करार किया है यह भारत के राजनीतिक इतिहास में विदेश नीति के तहत कृषि व किसान के कल्याण के हित में उठाया गया सबसे क्रान्तिकारी कदम है।

❖ इजराइल इंडिया के लिए इतना इम्पोरटेन्ट क्यों?

"देश की सबसे बड़ी पार्टी के राजनेताओं ने जितनी बार इटली की यात्राएँ की है, उनमें से अगर एक यात्रा इजराइल की गई होती तो आज तकनीकी संसाधनों के अभाव में देश के जवान और किसान की यह दुर्दशा नहीं होती"

लेखक

सन् 1947, में जब भारत आजाद हुआ, उसके ठीक एक वर्ष बाद 1948 में जोरदार अन्तर्राष्ट्रीय दबाव के चलते इजराइल का गठन हुआ, क्षेत्रफल की दृष्टि से भारत के छत्तीसगढ़ राज्य के बराबर क्षेत्रफल में बसे इस ऊर्जावान राष्ट्र को शुरूआत से ही अति कठिन समस्याओं का सामना करना पड़ा, लेकिन इस राष्ट्र के नागरिकों तथा राजनीतिक नेतृत्व की दृढ़ इच्छा शक्ति ने इजराइल को सबसे समृद्ध व शक्तिशाली राष्ट्रो की श्रेणी में पहुँचा दिया जो अन्तर्राष्ट्रीय कानून भारत की राजसत्ता के लिए 70 वर्ष तक रूकावट बने रहे। इजराइल ने उन कानूनों का बड़ी कुशलता से इस्तेमाल करते हुए विकास के नये मुकाम हासिल किए।

आज इजराइल अरब राष्ट्रो के मध्य स्थित एक आत्मनिर्भर राष्ट्र है, जिसकी भौगोलिक स्थिति और जलवायु दोनों ही उसके विकास का विरोध करती नजर आती है। मगर यह इजराइल के नागरिकों तथा उसके राजनीतिक नेतृत्व की खासियत रही है कि उन्होनें प्रत्येक बाहरी व आन्तरिक जमीनी समस्याओं को विकास की नई सकारात्मक संम्भावनाओं में बदल दिया है।

इजराइल के जवान और किसान को मजबूत बनाने वाले दो महत्वपूर्ण कारण

1. इजराइल की भौगोलिक स्थिति धरती पर ऐसी है जहाँ वह चारो तरफ से अपने विरोधी देशों से घिरा हुआ है, मगर कट्टर विरोधी देशों से घिरे होने के बावजूद भी पूर्ण सुरक्षित है, क्योंकि इजराइल का रक्षा तंत्र इतना मजबूत है कि वह विश्व के अति आक्रमणकारी हथियारों से अपनी सुरक्षा करने में सक्षम है। इजराइल के रक्षा बेड़े में स्वयं निर्मित विश्व के सबसे उत्तम तकनीकी रक्षा यन्त्र मौजूद है जो इजराइल

की सभी सीमाओं को अभेद बनाते है। इजराइल अपने सहज स्वभाव के कारण एक शांति पोषक राष्ट्र है, इसलिए उसने अपने रक्षा तंत्र में आक्रमणकारी हथियारों को कम से कम जगह दी है इजराइल ने सुरक्षा यन्त्रों को भारी मात्रा में निर्मित किया है जिससे कि वह बाहरी हमलों से पूर्णतः अपनी रक्षा कर सके।

2. इजराइल की भूमि आधे से ज्यादा सूखा, रेगिस्तान है वहाँ की जलवायु भी कृषि के विपरीत है, इस सब के बाबजूद भी इजराइल ना के बराबर पानी इस्तेमाल करते हुए भारी मात्रा में हर प्रकार की फसल तैयार करने में सक्षम है, इजराइल ने स्वयं को मजबूती से खड़ा करनेके लिए अपने जमीनी ढांचे की क्षमताओं को बढ़ाने पर विशेष बल दिया है, इजराइल ने कृषि सम्बन्धित तमाम तरह की समस्याओं (जो आज भारत के किसानों के आर्थिक विकास में रूकाबट बनी हुई है) को कृषि क्षेत्र में की गई आवश्यक तकनीकी खोजो और आविष्कारों के माध्यम से सम्भावनाओं में बदल दिया है, कृषि क्षेत्र को देश और किसान की तरक्की का आधार बनाने के लिए की गई तकनीकी खोजे कृषि के विस्तार व विकास के लिए वरदान साबित हुई है। **और इस तरह के क्रान्तिकारी कदम उठाकर इजराइल ने अपने देश के किसान को विकास का सम्मृद्ध सहयोगी बनाकर स्वयं को आत्मनिर्भर तथा सशक्त बनाया है।**

यह दो कारण भारत की बड़ी समस्याओं का पूर्ण समाधान है

1. भारत, वर्ष 1947 में आजाद हुआ, उस समय आज का पाकिस्तान और बांग्लादेश भारत में शामिल थे लेकिन कुछ

समय बाद हुए निर्मम विभाजन से देश को तीन टुकड़ों में बाँट दिया गया, जिससे भारत के समक्ष धर्म समुदाय के नाम पर एक राजनीतिक जनित विरोधी का उदय हुआ, पिछले 70 वर्षों से भारत और पाकिस्तान के मध्य सीमा विवाद चल रहा है, भारत को पिछले छह दशकों से लगातार आतंकी हमलों का सामना करना पड़ रहा है इसलिए बहुत लम्बे समय से भारत को सैन्य क्षेत्र में अत्याधुनिक रक्षा तकनीक की शक्त जरूरत थी, रक्षा उपकरणों व अत्याधुनिक रक्षा तकनीक के अभाव में हमारे सैंकड़ो वीर जवान हर वर्ष सीमा पर शहीद हुए- क्योंकि दशकों तक सत्ता में रहे कमजोर नेतृत्व ने सैना की जरूरी माँगों पर कभी ठोस कदम नहीं उठाए, उन्हें हमेशा दबाया गया।।

सीमाओं की सुरक्षा के बिना अन्य आन्तरिक गतिविधिया संभव नहीं है इसलिए मौजूदा भारत सरकार ने भारतीय सैना की सुरक्षा सम्बन्धी जरूरतों को विशेष महत्व देते हुए आरोप-प्रत्यारोप की तुच्छ राजनीति को नजर अदांज करते हुए विलम्ब किए बिना 70 वर्ष बाद इजराइल जैसे सैन्य तकनीक सम्पन्न राष्ट्र की सफल यात्रा कर देश के लिए अभेद अत्याधुनिक रक्षा तकनीक की खरीद पर मुहर लगा दी है।

2. पिछले कुछ दशकों से हमारा ग्रामीण भारत जल, जमीन और जलवायु के स्तर पर तमाम तरहकी भीषण समस्याओं से गुजर रहा था जिसके कारण हमारी खेती किसान के लिए दिन व दिन घाटे का सौदा बनती जा रही थी, उपजाऊ जमीन कम हो रही थी, हर वर्ष सूखे का स्तर बढ़ता जा रहा है, जिससे देश के ज्यादातर क्षेत्रों में जलस्तर किसान की पहुँच से बाहर होता जा रहा है, जहाँ जल मौजूद है वहाँ सरकार की निष्क्रिय कार्यप्रणाली के कारण किसान के लिए उपलब्ध नहीं हुआ पहले

हमारे देश में कृषि को राष्ट्र विकास का सबसे अहम माध्यम माना जाता था, जिसकी जगह अब रोजगार ने हासिल कर ली है और कृषि को अन्तिम आर्थिक माध्यम बना दिया गया।

लेकिन लम्बे समय की राजनीतिक जद्दोंजहद के बाद देश के मतदाताओं ने वर्ष 2014 में लोकतांत्रिक प्रक्रिया के तहत अपने मताधिकार का सही प्रयोग करते हुए एक ऊर्जावान जनसेवक व जमीन से जुड़े हुए नेतृत्व को अपना राजनीतिक प्रतिनिधि चुनकर लोकतंत्र को परिवारवाद से मुक्त किया और नए नेतृत्व ने किसानों के हितों को श्रेष्ठ प्राथमिकता देते हुए 70 वर्ष बाद भारत के जनप्रतिनिध के रूप पहली बार इजराइल की सफल यात्रा पर गए वहां कृषि सम्बन्धित आधुनिक तकनीक को जल्द से जल्द भारतीय किसानों तक पहुँचाने के लिए सभी महत्वपूर्ण समझौतों पर हस्ताक्षर कर इस ऐतिहासिक यात्रा को सफल बनाया है।

नोट-

जल जमीन जलवायु का सन्तुलन तथा पर्याप्त मात्रा में विकल्प उपलब्ध होना कृषि के लिए बहुत आवश्यक है, परन्तु इजराइल में जब जमीन तथा जलवायु तीनों असन्तुलित अवस्था में है जो पूरी तरह कृषि विकास का विरोध करती है मगर फिर भी इजराइल कृषि क्षेत्र में आत्मनिर्भर राष्ट्र है वहाँ की उत्तम व कुशल कृषि तकनीक कृषि विकास का महत्वपूर्ण कारण है इसलिए इजराइल का युवा कृषि को स्वयंरोजगार के एक शानदार विकल्प की तरह देखता है, कितने आश्चर्य की बात है कि एक रेगिस्तान पथरीली जमीन तथा विपरीत जलवायु हालात होने के बावजूद भी इजराइल के राजनीतिक नेतृत्व ने उत्तम, तकनीक के माध्यम से कृषि को

युवाओं के लिए स्वयं रोजगार का प्रथम विकल्प बना दिया है, वहीं भारत जैसे कृषि प्रधान राष्ट्र में खेती के लिए जल जमीन और जलवायु का पूर्ण सन्तुलन होते हुए भी भारत में कृषि युवाओं के लिए रोजगार का अन्तिम विकल्प बना दिया है, यह परिणाम 60 वर्षो तक सत्ता में रहे राजनीतिक नेतृत्व में दूरदर्शिता की भारी कमी के दर्शाता है।

❖ भारत में कृषि कल्याण के लिए नदियों को पुनः जीवित करने पर काम

"भारत एक विशाल भूखण्ड रूपी शरीर है- इस महान भूखण्ड पर बड़ी संख्या में मौजूद नदियाँ, हमारे शरीर की धमनियों, के समान है, और इन पवित्र नदियों में बहने वाला जल हमारे शरीर में बहने वाले रक्त की तरह है अगर इस भूखण्ड पर मानवजात को जीवित रखना है तो नदियों को पुनः जीवित करना ही होगा"

नदी वीरा

भारत, एक महान नदी राष्ट्र था जहाँ चारों दिशाओं में नदियाँ बहती थी, जिन्होंने पिछले हजारो वर्षा से हिन्द की संस्कृति को समृद्ध और सम्पन्न बनाया है भारत का ज्यादातर कृषि क्षेत्र नदियों से मिलने वाले पानी पर निर्भर रहता था, नदियों के सूख जाने के कारण भारत का किसान भूजल से खेती करने लगा, लेकिन भूजल के अन्धाधुन्ध दोहन से भूजल भी किसान की पहुँच से बाहर होता जा रहा था नदियों के सूख जाने के कारण देश का एक बहुत बड़ा उपजाऊ क्षेत्र बंजर हो गया था, जिस खेती को पूरी क्षमता से करने के लिए किसान ने कर्ज लिया, आज वह कृषि योग्य पानी नहीं मिलने के कारण बेबस और लाचार स्थिति से गुजर रहा था इसलिए देश की नई सरकार ने मौजूदा तथा आने वाली पीडियों के लिए देश भर के कृषि क्षेत्र को पुनः जीवित करने पर काम

किया है देश की सभी नदियों को स्वच्छता के साथ पूरे प्रवाह से बहाने के लिए सरकारी नीतियों को जन आन्दोलन बनाकर जमीनी गति दी है।

1. प्रशासन पर सख्ती / सुधार के निशान-

सत्ता शासन की अनदेखी के कारण प्रशासनिक स्तर पर पिछले कई दशकों से, देश के ग्रामीण क्षेत्र के साथ अन्याय हो रहा था, नदियों में बहने वाली बची हुई धाराओं का ज्यादातर पानी कारखानों को दिया जा रहा था, कारखानों के द्वारा पानी का उपभोग करने के लिए कोई पैमाने तय नहीं किए गए थे कारखानों में बिना किसी पैमाने के पानी का अन्धाधुंध दुरूपयोग हो रहा था, नदियों का कृषि योग्य पानी कारखानों में इस्तेमाल किये जाने के बाद जहर बनकर कृषि तक पहुँचता था, जिससे जमीन की गुणवत्ता को नुकसान

हुआ और फसल वृद्धि में भारी गिराबट आई, सालों से चली आ रही इस विनाशकारी प्रक्रिया से सबसे ज्यादा नुकसान देश की कृषि और किसान को हुआ।

यह शोषण युक्त प्रक्रिया दशकों से चल रही थी लेकिन वर्ष 2014 में चुनी गयी सरकार में अपनी राजनीतिक जिम्मेदारियों को सही तरह से निभाते हुए देश की नदियों के जल को कृषि तक पहुँचाने के लिए जरूरी आदेश जारी कर जमीन पर कार्यवाही को पूरा कर प्रशासनिक शक्तियों का सही प्रयोग किया जिसके तहत नदियों के बहुमूल्य जल पर पहला हक कृषि को दिया गया।

2. नदी अभियान: नदियों को पुनः जीवित करने के लिए एक देश व्यापी जन आन्दोलन।

नदी आन्दोलन- विश्व भर में समस्त प्राणीजात व प्रकृति के संरक्षण के साथ मानवता के कल्याण के लिए कार्य कर रही एक गैर धार्मिक संथा- **ईशा फांउडेशन** द्वारा चलाया गया जन आन्दोलन है प्रकृति तथा नदी संरक्षण के सम्बन्ध में, यह भारत का सबसे बड़ा आन्दोलन है।

पूरे देश ने इस जन कल्याणकारी आन्दोलन का समर्थन कर देश के पुनः निर्माण की ओर कदम उठाते हुए महत्वपूर्ण भूमिका निभाई है नई भारत सरकार ने देश की पवित्र नदियों की दयनीय मृत दशा को देखते हुए नदी अभियान के सभी कार्य बिन्दुओं पर सरकारी मोहर लगा दी है क्यों कि प्रकृति, प्राणीजात तथा किसान के साथ-साथ देश के कल्याण के लिए नदियों का पुनः जीवित होना बहुत आवश्यक है इसलिए देश के वर्तमान तथा भविष्य

को सुरक्षित करने के लिए भारत सरकार (2017) ने राजनीतिक दूरदर्शिता से परिपूर्ण कदम उठाया है।

"भारत की नदियाँ देश की निर्माता है, यह भारतीय सनातन संस्कृति की जीवन रेखा है, इन्हें पुर्नजीवित करना प्रत्येक भारतीय का प्रथम कर्तव्य है।"

नदी अभियान का मुख्य कार्य देश की सभी नदियों को पुर्नजीवित करने

के लिए उनके किनारों पर एक-एक किलोमीटर की चौड़ाई में कृषि तथा क्षेत्र के अनुरूप अधिक से अधिक पेड़ लगाना है, देश के किसानों को आधुनिक कृषि तकनीकी अथवा प्राचीन कृषि प्रणाली के साथ सही तालमेल बनाते हुए कृषि की जानकारी देना, उस कार्य को जमीनी रूप देने में किसानों की मदद करना है जिससे देश के किसान कृषि क्षेत्र में अधिक से अधिक लाभ ले सके।

नदी अभियान का उद्देश्य

नदी अभियान **(Rally for River)** का मुख्य उद्देश्य भारत की सभी नदियों को उस जीवन्त स्थिति में लाना है जैसे वह पिछले हजारों वर्षा से अविरल बहती आ रही है, जिससे कि भारतीयसभ्यता जलवायु, प्रकृति तथा कृषि के पूर्ण संतुलन के साथ विकसित होती रहे। यह नदियाँ पिछले हजारो वर्षो से देश का भरण पोषण करती रही है, हमारी संस्कृति भी नदियों के किनारे पर विकसित हुई, मगर पिछली पीड़ियों तथा असंवेदनशील राजनेताओं की अन्धविकास योजना में इन्हें पूर्णतः नष्ट कर दिया इसीलिए भारत की इतनी बड़ी आवादी के भरण पोषण तथा सम्पूर्ण कल्याण के

लिए नदियों को पुनः जीवित करना बहुत आवश्यक है इस महा कल्याणकारी अभियान को इतनी तीव्रता के साथ जमीनी रूप देने के लिए पहले चरण में देश के छः बड़े राज्यों में ईशा फांउडेशन द्वारा स्वयं सेवकों की एक सशक्त व समर्पित टीम का गठन किया जिन्हें "नदी वीरा" नाम दिया गया नदियों के संरक्षण के प्रति पूर्ण समर्पित नदी वीराओं की निष्ठा और लगन को देखते हुए महाराष्ट्र सरकार ने वघारी नदी को पुर्नजीवित करने के लिए 418 करोड़ का राजकीय बजट जारी किया है, जिसके अन्तर्गत वघारी नदी के दोनों किनारों पर कृषि तथा क्षेत्र के अनुरूप करोड़ों पेड़ लगाये जाने है, जिससे कि महाराष्ट्र के सूखा ग्रस्त इलाकों का तथा कृषि क्षेत्र को पर्याप्त मात्रा में जल उपलब्ध हो सके। वर्तमान (2019) में भारत का प्रत्येक राज्य इस प्रोजेक्ट को जमीनी रूप देने के लिए अति इच्छुक है इसी लिए भारत सरकार ने प्रकृति, कृषि तथा किसान के कल्याण के लिए, इस महान जन आन्दोलन के उद्देश्य को जमीनी रूप देने के लिए क्रान्किरी कदम उठाये है और देश के सभी नागरिकों ने पुनः भारत निर्माण के लिए इस अभियान को जन आन्दोलन बनाकर अपना मनुष्य धर्म निभाया है।

"पेड़ एक स्थिर जीवन है पेड़ में बारिश को लाने तथा अपनी जड़ों के नीचे भारी मात्रा में पानी जमा करने के क्षमता होती है, पेड़ प्रकृति का प्रथम स्वरूप तथा पानी के प्रथम संरक्षण कर्ता है इसी लिए हमें पेड़ों को पुनः इनकी जगह पर लगाना होगा"

अज्ञात

❖ देश में बेरोजगारी नहीं रोजगार के विकल्प नहीं थे

"स्वयं रोजगार के मजबूत विकल्प ही बड़ी संख्या में रोजगार का आधार बन सकते है"

अज्ञात

"भारत में भविष्य में होने वाले चुनाव विचारधाराओं की चौखट को छोड़ कर विकास की चौखट पर सम्पन्न कराये जायेगें इसके बावजूद भी अगर कोई विचारधाराओं के आधार पर चुनाव में आयेगा तब उसकी विचारधारा ही उसके राजनैतिक विकास में सबसे बड़ी रूकावट साबित होगी"

अज्ञात

भारत, वर्तमान में विश्व की दूसरी सबसे बड़ी आवादी वाला राष्ट्र है, इतनी बड़ी आवादी के साथ भारत विश्व का सबसे युवा देश भी है, जहाँ लगभग 60 करोड़ युवा नागरिक रहते है। ऐसे में इस महान जन समुदाय को सन्तुलित ठंग से सभालने के लिए मजबूत दृढ़ नेतृत्व की जरूरत थी मगर 60 वर्षो से इतने बड़े मानव समुदाय के विकास की जिम्मेदारी एक ऐसे कमजोर राजनीतिक नेतृत्व को दे दी गई जो इस युवा देश को सन्तुलित राजनीतिक ठंग से सही दिशा में संचालित करने में असफल रहा, जिससे बढ़ती आबादी की समस्या के पीछे छुपी सम्भावनाएं नष्ट हो गई जो युवा शक्ति देश के लिए वरदान वन सकती थी वह शक्ति गैर जरूरी कार्यो में लगाई गई और इस तरह बढती आबादी देश पर बोझ बनादी गई। लम्बे समय तक चली इस राजनीति अनदेखी के कारण देश की युवा शक्ति का हनन होता रहा, पिछले दशकों की राजनीतिक सत्ता देश हित में युवाओं की ऊर्जावान क्षमताओं का सही प्रयोग करने में नाकाम रही। आज यह एक वैज्ञानिक तथ्य है कि जब तक ऊर्जा अथवा शक्ति का संचालन विकास की सही दिशा में नहीं होगा तब तक वह ऊर्जा हर स्तर पर विनाशकारी सिद्ध होती है" इसी लिए जिन्होनें दशकों तक युवाओं की क्षमताओं का प्रयोग करने की राजनीतिक जिम्मेदारी अपने हाथ में रखी थी इसके बावजूद वह युवाओं की क्षमताओं को देश के सहज विकास की दिशा में संचालित नहीं कर पाये।

जरूरी चीजेखोजने, सीखने तथा उन्हें जमीनी हकीकत बनाने की क्षमता रखने वाले भारतीय युवाओं की रचनात्मक क्षमता का प्रयोग किये बिना ही उस पर प्रश्न चिन्ह लगाकर कमजोर साबित किया गया था।

1. आज भारत में बेरोजगारी जैसे शब्द बड़ी समस्या बने हुए है, किसी भी राष्ट्र में यह समस्या तब आई जब वहा जमीनी स्तर से लेकर उच्च स्तर तक जरूरी कार्य न किया गया हो, अथवा उस राष्ट्र में मोजूद विकल्पो पर कार्य नहीं किया गया हो।

इसलिए यह तथ्य भारत के संदर्भ में सही प्रतीत होता है क्योंकि भारत की धरती विकास के आधार पर बेरोजगारी को खत्म करने के लिए नये अवसरों की असीमित सम्भावना से भरी हुई है, परन्तु सरकारों ने इस पर जरूरी कदम नहीं उठाए, आज हम इस समस्या से इसी लिए जूझ रहे है, क्योंकि 60 वर्षो तक राजनीतिक सत्ता पर रहे नेतृत्व ने भारत में जमीनी रोजगार के नए अवसर पैदा करने पर ध्यान नहीं दिया जिस तरह देश में जनसंख्या बढ़ रही, इसी रफ्तार से सरकारों की लापरबाही के कारण बेरोजगारी बढ़ रही और इस दशक की शुरूआत (2010 - 2014) तक इतनी बढ़ गई थी कि यह एक समस्या के साथ-साथ चुनावी मुद्दा बन गई। वर्ष (2014) में पूर्ण बहुमत से चुनी गई सरकार ने देश के युवाओं की क्षमताओं पर काम किया उन्हें कार्य कुशल बनाने के लिए **कौशल विकास** जैसी मजबूत योजनाओं को जमीनी रूप दिया, जो युवा शिक्षित होने के बावजूद भी रोजगार के विकल्पों के अभाव में अपनी ऊर्जा व्यर्थ में नष्ट कर रहे थे, उन्हें **Start up** और **मुद्रा योजनाओं** के तहत स्वरोजगार करने अथवा अन्य लोगों के लिए रोजगार उपलब्ध कराने की जिम्मेदारी दी गई।

बेरोजगारी के अहम कारण

1. कृषि क्षेत्र को अपाहिज बना दिया था-

वर्तमान भारत में लगभग सवा अरब आबादी है, जिसकी 70 प्रतिशत जनसंख्या भारत के ग्रामीण क्षेत्र में रहती है, ग्रामीण क्षेत्र के लोग पूरी तरह कृषि पर निर्भर है लेकिन पिछले दशको से सत्ता शासन की निष्क्रीयता के कारण ग्रामीण भारत से करोड़ो युवाओं की भीड़ बेराजगारों की लाइन लगा दी गई, जो किसान कर्जे की मार, संसाधनों की कमी और निम्न फसल मूल्य के बावजूद भी अपनी सामाजिक समझ और आर्थिक सन्तुलन के साथ जीवनयापन कर रहा था उसे महँगाई की मार ने मजदूरी व रोजगार के लिए भटकने पर मजबूर किया गया सरकारों ने जमीनी सत्य को समझे विना अन्धाधुंध सरकारी योजनाओं के तहत प्राकृतिक जल संसाधनों को नष्ट किया जिससे कृषि का उपजाऊ क्षेत्र बहुत बड़ी मात्रा में घट गया, और कृर्षि क्षेत्र आर्थिक अपाहिजता का कारण बना।

बिहार के ऊर्जावान युवाओं के उभरते ज्ञान व बुद्धिमता को धूल में मिला दिया। परिणाम स्वरूप उत्तर प्रदेश व बिहार से शैक्षिक योग्यताओं के फर्जी प्रमाणपत्रों के साथ अर्द्ध शिक्षित युवाओं को निकालकर बेरोजगारी की भीड़ को 10 गुना बड़ा दिया, उत्तर प्रदेश और बिहार के युवा भाई-बहनों के जीवन को जानबूझ कर अशिक्षा से बेरोजगारी की भीड़ में धकेलने के लिए उत्तर प्रदेश और बिहार के क्षेत्रीय राजनीतिक दल जिम्मेदार है।

उत्तर प्रदेश देश का सबसे अधिक आबादी वाला राज्य है। कृषि सम्पन्न इस राज्य में बेरोजगारी एक बड़ी समस्या बनादी गई है- उत्तर प्रदेश के क्षेत्रीय राजनीतिक पार्टियों ने डॉ0 राममनोहर

लोहिया जी के महान समाजवाद को ताक पर रखकर फर्जी समाजवाद की आड़ में लोकतंत्र को खंडित कर परिवारवाद को जन्म दिया है, राजनीतिक सत्ता की लालसा के कारण ऐसे राजनैतिक पंडितों ने प्रदेश की जमीनी जरूरतों की कभी परवाह नहीं है, दशकों के राजनीतिक कार्यकाल में युवाओं की पारदर्शी शिक्षा पर जोर देने तथा राज्य व देश के विकास का सहयोगी बनाने के बजाय शिक्षा का कत्ल तथा युवाओं की योग्यता (क्षमताओं) की आत्महत्या कराने के लिए शिक्षा संसधानों में खुलेआम नकलयुक्त परीक्षाएं कराई गईं, जहाँ से हर वर्ष भारी संख्या में अर्द्ध शिक्षित युवाओं को बेरोजगारी की पंक्ति में खड़ा किया गया इस दौरान योग्यता का प्रमाणपत्र लेकर स्कूल और कॉलेज से बाहर आये ज्यादातर युवाओं के पास ना तो कोई कौशल था और ना ही प्रमाण पत्र पर अंकित अंकों के बराबर योग्यता थी, इस भ्रष्ट शैक्षिक प्रक्रिया ने युवाओं का बोध और भविष्य बर्बाद कर दिया उत्तर प्रदेश में यह सब अनैतिक कार्य कई वर्षो तक चलते रहे।

प्रदेश की अन्य राजनीतिक पार्टी ने बाबा साहब डॉ0 भीमराव अम्बेडकर जी के राजनीतिक सिद्धान्तों का दुरूपयोग कर सत्ता प्राप्त की, गरीब और गरीबों को जाति के चश्मे से देखने में माहिर तथा राज्य की दलित समाज का दामन दबाकर बंशबाद को बढ़ावा देने वाले राजनीतिक दल की मुखिया ने बहुजनों के जरूरी हितो की हत्या कर, राज्य की जनता का पैसा निरर्थक कार्यो में खर्च किया जिसका भुगतान प्रदेश के युवा बेरोजगारी की लाइन में खड़े होकर कर रहे है। जनता की खून पसीने की कमाई का जो पैसा रोजगार का नए अवसर पैदा करने पर खर्च होना था वह ऐसे निरर्थक कार्यो में खर्च किया गया, जिससे प्रदेश के आर्थिक विकास को कोई गति नहीं मिली।बिहार अतीत में भारत वर्ष का सबसे धनी राज्य था, यह राज्य बुद्धि जीवियों तथा महापुरूषों की कर्म भूमि रहा है, लम्बे

समय तक देश को गुलाम बनाकर रखने वाली ब्रिटानिया सत्ता इस राज्य से सब कुछ लूट कर ले गयी मगर इस राज्य की जमीनी क्षमताएँ बिहार की वर्तमान पीढ़ियों में आज भी देखी जा सकती है- पूरे भारत में सबसे योग्य सरकारी अफसर बिहार से आते है, मगर यह इस राज्य का दुर्भाग्य है कि इस राज्य की राजनीतिक डोर दशकों तक चुटकुले सुनाने वाले तथा बिहार की अशिक्षित ग्रामीण जनता को अपनी मजाकिया राजनीतिक नोटंकी में व्यस्त रखने में माहिर राजनेताओं के हाथ में रही है जिन्होंने इस ऊर्जावान राज्य (बिहार) को देश के विकास में सहयोगी नहीं बनने दिया, विकास के मुद्दो से परे अर्थहीन राजनीतिक दाव पेचों की चाल से बिहार की जमीनी सम्भावनाओं पर कार्य नहीं किया, आर्थिक तौर पर आत्मनिर्भर बनने में सक्षम बिहार के युवा नागरिकों को, अन्य राज्यो पर बजन बनने के लिए छोड़ दिया परिणाम स्वरूप बिहार से भारी मात्रा में युवाओं का पलायन हुआ, और बिहार के लोगों को असहनीय अपमान का सामना करना पड़ा।

बिहार के सरकारी खजाने को विकास तथा रोजगार की जमीनी सम्भावनाओं पर खर्च न करके- भ्रष्टाचार की बली चड़ा दिया गया- अतः पिछले दशकों में उत्तर प्रदेश व बिहार में गरीबी और बेरोजगारी का एक अहम कारण अयोग्य राजनेता रहे है।

बेरोजगारी, राजनीतिक जनित बीमारी, इसी लिए राजनीति से ही ठीक किया जा रहा है

भारत को आजाद हुए 70 वर्ष हो गये, जब से भारत आजाद हुआ है तब से इस दशक की शुरूआत (2014) तक देश की बढ़ती जनसंख्या के अनुसार उसके विकास सम्बंन्धी जरूरतों को ध्यान

में रखते हुए रोजगार के नये अवसर पैदा करने पर पर्याप्त ध्यान नहीं दिया। **इतनी बड़ी आवादी वाले देश को रोजगार देने की अधिकतम जिम्मेदारी मुख्यतः चार-पाँच सरकारी संस्थाओं पर रही है, सैन्य-विभाग, स्वास्थ्य विभाग, शिक्षा विभाग, रेल विभाग तथा लोकसेवा आयोग।**

अगर हम बेरोजगारी से रोजगार की तरफ ले जाने वाली इस सरकारी प्रक्रिया को ध्यान से देखे तो बेरोजगारी के ज्यादातर आकड़े कारण सहित स्पष्ट हो जायेंगे।

हमारे देश के 25 करोड़ युवा इस स्थिति में है जिन्हें तत्काल मजबूत रोजगार की आवश्यकता है इसीलिए इन सभी सरकारी संस्थाओं तथा इनके सहयोगी विभागो द्वारा हर वर्ष रोजगार दिये जाने की क्षमता अधिक से अधिक 30 लाख है वही एक ओर अन्य पहलू यह है कि भारत में रोजगार के मकसद से किये गये विदेशी निवेश अथवा सीमित प्राइवेट सेक्टर की बात करे तो इसमें भी मजबूत रोजगार के ज्यादातर विकल्प उच्च शिक्षा प्राप्त करने वाले युवाओं के लिए थे अर्थात वेरोजगारी की इतनी बड़ी संख्या में से लगभग 24 करोड़ युवा रोजगार से बंचित रह जाते थे, जो युवा देश के विकास में सहायक बन सकते थे उन्हें पिछले कमजोर राजनीतिक नेतृत्व ने रोजगार के लिए सड़कों पर प्रदर्शन करने तथा देश के अर्थ तंत्र पर बजन बनने के लिए छोड़ दिया, रोजगार देने की सरकारी तथा गैर सरकारी प्रक्रिया सहज व योग्यता के आधार पर होनी चाहिए थी वह युवाओं पर दाव लगाने वाली साबित हुई। परिणाम स्वरूप देश में भ्रष्टाचार को बढ़ावा मिला।

विचार- देश की जनता को स्पष्ट दृष्टि से वर्तमान पीड़ियों के साथ न्याय करना चाहिए, कांग्रेस के 60 वर्षों के शासन में

बेरोजगारी की भीड़ खड़ी की है, उस संख्या को शून्य की करीब ले जाने में समय लगेगा क्योंकि जिन्हें चीजें बिगाड़ने में समय लगा, वह मौजूदा नेतृत्व पर सवाल उठा कर जनता को मूर्ख बनाना चाहते है।

बेरोजगारी पर विविधताओं और व्यापार से वार

भारत विश्व में सर्वाधिक विविधताओं से सम्पन्न राष्ट्र है, हमारी जमीनी संस्कृति विकास की विस्तृत संभावनाओं से परिपूर्ण है, पूर्व से पश्चिम उत्तर से दक्षिण तक भारत का प्रत्येक राज्य अपनी जमीनी विविधताओं से सम्पन्न है अगर पिछले दशकों में राज्यों की विविधताओं तथा क्षमताओं के विकास पर पर्याप्त राजनीतिक ध्यान दिया गया होता तो हम देश में विकास के नये अवसर खोल सकते थे, जिससे बड़ी मात्रा में प्रत्येक राज्य के सांस्कृतिक विकास के साथ युवाओं को बड़ी मात्रा में रोजगार के अवसर दिए जा सकते थे, राजनीतिक नेतृत्व में दूरदर्शिता की कमी के कारण पश्चिम के देश अपने निरर्थक अयोग्य उत्पादनों के आधार पर भारत को अपने मुनाफे का बाजार बनाने में कामयाब रहे, जिसका भुगतान भारतीय उद्योग और कृषि को करना पड़ा।

इसलिए नईभारत सरकार ने देश की जमीनी जरूरतों को प्राथमिकता देते हुए, देश की शानदार विविधताओं की क्षमताओं को विकसित करने के लिए जरूरी कदम उठाए है, भारत की धरती पर ही विकास और रोजगार की असीमित संभावनाओं को देखते हुए नई भारत सरकार ने प्रत्येक राज्य की जमीनी क्षमताओं को "भारत की तरह" विकसित करने पर काम किया है।

❖ राज्यों की क्षमताओं और स्त्रोतों पर काम

"देश के सभी राज्यों की आन्तरिक जमीनी क्षमताओं पर काम- देश की आर्थिक समृद्धि की ओर एक ठोस कदम है"

लेखक

भारत, एशियाई महाद्वीप का जटिल सांस्कृतिक राष्ट्र है भारत का प्रत्येक राज्य विकास की जमीनी सम्भावनाओं से परिपूर्ण है, हमारे राज्यों की विविधताएं विकास के नये आयाम खोलने की ओर संकेत करती है। भारत एक विकासशील राष्ट्र है विविधताओं तथा युवाओं की क्षमताओं से भरी इस धरती पर बहुत कुछ किया जाना बाकी है हमारा देश एक विकसित देश (अमेरिका, ब्रिटेन) नहीं है जहाँ यह कहा जाए कि यहाँ सब कुछ हो चुका है हम क्या करे। एक विकासशील राष्ट्र के तौर पर विविधताओं की इस धरती पर आसमान तक विकास की सम्भावनाऐं नजर आती है- हम एक विकासशील राष्ट्र है इसका स्पष्ट अर्थ है यह है कि हमारे सभी राज्यों की क्षमताओं पर काम होना बाकी है, नई सम्भावनाओं का सम्भव होना बाकी है इसलिए इस महत्वपूर्ण तथ्य को महत्व देते हुए मौजूदा भारत सरकार (2019) ने दशको से जमीन में मृत पड़े आर्थिक विकास के सभी जमीनी स्त्रोतों को पुनः जीवित करने के लिए ठोस राजनीतिक कदम उठाए है देश की जमीनी क्षमताओं को विकसित कर आर्थिक तरक्की के नए स्त्रोत पैदा किए जा रहे है।

राजनीतिक दृष्टि से राज्यों व सम्पूर्ण देश हित में सबसे महत्वपूर्ण बात यह है कि ज्यादातर राज्यों में केंद्रीय सरकार का ही नेतृत्व होने के कारण, विकास से सम्बन्धित प्रत्येक योजना व नीति को विना किसी राजनीतिक (पक्ष-विपक्ष) टकराव के जमीन पर साकार किया जा रहा है जिससे देश की जनता का पैसा और समय केन्द्र तथा राज्य में बैठी विपरीत राजनीतिक सत्ताओं के मध्य बर्वाद होने से बच रहा है।

पिछले 50 वर्षो के नेतृत्व में फर्जी वायदों की राजनीति ने उत्तर प्रदेश, राजस्थान, बिहार, उड़ीसा, छत्तीसगढ़ तथा उत्तर पूर्व जैसे प्राकृतिक जमीनी क्षमताओं से परिपूर्ण राज्यों के लोगों को

बड़े-बड़े शहरों में मजदूर बना दिया गया था, आज उन्हें अपने ही राज्य में स्वयं स्वरोजगार के अवसर दिए जा रहे है, जिससे कि वह भी अपने परिवार, समाज, राज्य तथा राष्ट्र के विकास में भागीदार बन सके।

1. भारत अब भ्रमित नहीं होगा

हमारे देश में 29 राज्य और 7 केन्द्र शासित प्रदेश है, जिनमें सभी राज्य भिन्न-भिन्न जमीनी क्षमताओं से परिपूर्ण है, अगर आजाद भारत की पिछली सरकारों ने देश की जमीनी क्षमताओं को विकसित तथा विविधताओं को आदान-प्रदान करने पर काम किया होता तो आज भारत का नागरिक पश्चिम के लिए बड़ा बाजार नहीं बनता, हम अपने स्वदेशी उत्पादन के आधार पर उद्योग स्थापित कर सकते थे। लेकिन राजनीतिक नेतृत्व ने अंग्रेजी सत्ता के जाने के बाद देश के राजनेताओं के द्वारा भारत की बुनियादी क्षमताओं तथा विकास के जमीनी विकल्पो को जाने के विना ही पश्चिमी सभ्यता (ब्रिटिश, अमेरिका) के पूर्वा ग्रहों को आधुनिक विकास के नाम पर हमारे ऊपर थोपा गया। जिस महान राष्ट्र भारत का विकास भारत की जमीनी हकीकत को समझते हुए किया जाना था उस भारत का विकास ब्रिटिश नीतियों के तहत हुआ।

> **"भारत का विकास भारत की जमीनी हकीकत को समझते हुए ही किया जा सकता है"**
>
> अज्ञात

परिणाम स्वरूप, राजनीतिक नेतृत्व में दूरदर्शिता की कमी के कारण देश की निर्दोश जनता को महगांई, बेरोजगारी, गरीबी आदि राजनीतिक जनित समस्याओं का दशकों तक सामना करना पड़ा।

मगर 2014 में देश की सवा अरब जनता ने दशकों की राजनीति में एतिहासिक उलट फेर करते हुए देश को जमीन से जुड़ा हुआ ऊर्जावान नेतृत्व दिया जिसने अपने 5 वर्ष के कार्यकाल में भारत के विकास में सम्बन्धित सभी राजनीतिक भ्रमों को तोड़ते हुए, देश हित में जमीन से जुड़े मुद्दो पर पड़े फैसले लिए जिससे देश की असन्तुलित अर्थव्यवस्था में सन्तुलन और पारदर्शिता स्थापित हुई।

"तकनीक से तरक्की की ओर"

डॉ ए0 पी0 जे0 अब्दुल कलाम

❖ विपक्ष की ब्रिटिश नीति, भारत की विविधताओं पर वार

"जब किसी देश के विकास की नीतियों उस देश की जमीन क्षमताओं को ध्यान में रखते हुए बनाई जाती है तभी वह नीतियाँ जमीन पर सार्थक सिद्ध होती है"

लेखक

"सही तथ्यों के साथ की गई आलोचना ही लोकतंत्र के विकास में सहायक है मगर राजनीतिक लाभ लेने के लिए आलोचना की आढ़ में लगाये गये बेबुनियादी आरोप लोकतंत्र और देश के स्वस्थ्य राजनैतिक भविष्य के लिए हानिकारक है"

"विचार धाराओं की लड़ाई वाली सोच, भारत के विनम्र लोकतांत्रिक विकास के विपरीत है"

अज्ञात

भारत सांस्कृतिक तथा भोगोलिक दृष्टि से विविधताओं से भरा हुआ देश है इस संस्कृति ने हजारो वर्षो तक रक्षात्मक शैली में रहते हुए, सैंकड़ों बार बाहरी हमलों का सामना किया, कई सौ वर्ष तक हम एक गुलाम राष्ट्र के रूप में रहे परन्तु कोई भी बाहरी ताकत हमारी मूल सांस्कृतिक पहचान को नहीं मिटा सकी मानव विकास के सम्बन्ध में हमारी सांस्कृतिक विविधताएं क्षेत्रीय विविधताएं भारत के सर्वांगीण विकास के लिए महत्वपूर्ण रही है अतीत में राज्यों के आर्थिक विकास की बात करे तो हमारे महान राष्ट्र का प्रत्येक राज्य आर्थिक विकास के प्राकृतिक स्त्रोतों से सम्पन्न रहा है- बस उस पर जरूरी राजनीतिक कदम उठाये जाने की जरूरत थी, लेकिन लम्बे समय तक राज्यों व देश पर राजनीतिक शासन करने वाली सरकारों ने देश के सैंकड़ो प्राकृतिक आय के स्त्रोतों को पुर्नजीवित करने पर कार्य नहीं किया राज्यों की बुनियादी जरूरतों को समझे विना ही प्राकृतिक स्त्रोतों तथा नई सम्भावनाओं को पिछले साठ वर्षो से दिल्ली में बैठी रही सरकार ने अपने दस्तावेजो में दफन कर दिया। परिणाम स्वरूप देश की तरक्की के बुनियादी रास्ते बन्द हो गये इसके दुष्परिणाम जहर की तरह जमीन पर फैल गये जहाँ से गरीबी की गर्त और अधिक गहरी तथा बेरोजगारी बढ़ती चली गयी। इनकी गैर जरूरी योजनाओं ने ग्रामीण भारत के

युवा, किसान तथा खेतीहार अपनी उपजाऊ जमीन छोड़कर शहर भागने पर मजबूर हुआ बहाँ उसे मजदूरी करने के लिए विवश किया गया इस लिए आज मेरे देश का युवा, किसान शहरो के किनारे पर झुग्गियों में अत्यन्त कठिन जीवन जीने पर मजबूर हुआ। यह ब्रिटिश हुकूमत जैसा अत्याचार था।

"हमारे राष्ट्र की जमीनी विविधताओं को विकास के विपरीत साबित कर दिया गया, जबकि वह राष्ट्र के विकास में एक महत्वपूर्ण विकल्प है और यह इतनी व्यापक है कि

इन्हें बेरोजगारी तथा आर्थिक समस्याओं को खत्म करने के लिए तकनीक के माध्यम से रोजगार की कई शाखाओं अथवा विभागों में बदला जा सकता है"

अज्ञात

विचार- विपक्ष को उन तथ्यों पर ध्यान देना चाहिए जो देश के लिए जरूरी है जो बात विपक्ष आज रख रहा है वह 20 वर्ष पूर्व जमीनी हकीकत बन जानी चाहिए थी, भारत एक गतिशील राष्ट्र है भारत आपके राजनीतिक प्रशिक्षण के खत्म होने का इन्तजार नहीं करेगा देश के पास लोकतांत्रिक प्रक्रिया के माध्यम से मजबूत बिकल्प हमेशा मौजूद हैं।

एक स्टार्टअप उधमी

"विश्व के अन्य देशों के विकास की जो कहानियाँ हमारे देश में इस उद्देश्य से सुनाई जाती थी कि हम बुनियादी विकास की प्रतिस्पर्धा में किस देश से कितना पीछे है, अब वह पिछले पाँच वर्षों में हुए जरूरी बुनियादी विकास के बाद दशकों का पिछड़ापन कुछ वर्षों के आकड़ों में बदल गया है"

सुषमा

(आई0 सी0 डी0 एस0 कर्मचारी)

दशको पहले एक समय था जब किसी राष्ट के विकसित व शक्तिशाली होने का आंकलन उसके रक्षातत्र में मौजूद रक्षा सामग्री (हथियार) से लगाया जाता था, भारत उस समय इस श्रेणी में कहीं नहीं था हमारी सेनाऐं दशकां तक रक्षा सामग्री के अभाव में जोश और जज्बे के दम पर युद्ध लड़ती रही, हथियारों के प्रयोग के बाद तथा हथियारों की प्रतिस्पर्धा के बाद एक समय आया जब आर्थिक तौर पर समृद्ध राष्ट्रो को सबसे शक्तिशाली राष्ट्रो की श्रेणी रखा जाता था, भारत उस समय भी अपने आर्थिक पैमानों को सन्तुलित करने की जद्दो जहद में लगा हुआ था।

दशक दर दशक समृद्धि के बदलते पैमानों ने आर्थिक तरक्की के साथ-साथ तकनीकी तरक्की को भी राष्ट्र की समृद्धि अथवा शक्तिशाली होने का सबसे अहम पैमाना बना दिया- आधुनिक तकनीक हर प्रकार की आर्थिक कार्य प्रणाली का आधार बन गई। इसी लिए भारत के मौजूदा राजनीतिक नेतृत्व ने समावेशी विचार धारा के साथ तत्परता और कुशल कार्य शैली का परिचय देते हुए- आधुनिक तकनीकी को हर स्तर पर आर्थिक तरक्की में पूर्ण सहयोगी बनाने के लिए जरूरी कदम उठाऐ है जिससे भारत की विकास प्रक्रिया को जमीनी गति मिली है।

आजादी के बाद एक समय था जब विश्व दो गुटो में विभााजत हो रहा था तब भारत ने विश्व मंच पर दृढ़ता के साथ गुट निरपेक्षता का संदेश दिया वह सराहनीय कदम था इससे हमें एक पूर्ण शांति समर्थक राष्ट्र की पहचान मिली, आजादी के बाद अन्तर्राष्ट्रीय स्तर पर भारत का यह कदम दो गुटो के मध्य शांति दूत की तरह काम कर रहा था, यह सबसे सही समय था जब गुट निरपेक्षता का सिद्धान्त आधुनिक भारत के सीमा विवादों को खत्म करने में महत्वपूर्ण भूमिका निभाने के साथ भारत के बांजिव

वैश्विक कार्यों में सहयोगी बन सकता था क्योंकि गुट निरपेक्षता का निर्णय एक स्वाभिमानी तथा समुचे विश्व के प्रति एक समान सदभाव रखने वाले राष्ट्र की धारणा से लिया गया था, मगर हमारे असंतुलित राजनैतिक नेतृत्व ने देश के विकास में सहायक सभी बाहरी रास्ते बन्द कर दिए (जिनके द्वारा भारत व्यापार करता था) और गुट निरपेक्षता के सिद्धान्त से जन्मी विकास की सहयोगी सम्भावनाओं को अपने राजनीतिक स्वार्थ की सीमाओं में समेट कर नष्ट कर दिया परिणाम स्वरूप भारत व्यापार को विकास का सार्थी बनाने में असफल रहा और दशकों तक देश को गरीबी तथा बेरोजगारी का दंश झेलता रहा भारत के लिए ऐसी भीषण परिस्थितियों में उलझे रहना असम्भव था, वर्ष 2014 में भारत के राजनीतिक हालात इतनी तेजी से बदले जिनका प्रभाव हर प्रकार से भारत की जनता के हित में रहा है नया वर्तमान भारत" विश्व कुटुम्बकम की समावेशी विचार धारा के साथ अन्तर्राष्ट्रीय मंच पर हर विषय पर विकास तथा विश्व शांति के सम्बन्ध में अपनी सन्तुलित तथा पूर्ण भागीदारी दर्ज करा रहा है, इससे जनता के हित में विकास से सम्बन्धित सभी मार्ग खोल दिए गए जो पिछले हजारों वर्षों से इस राष्ट्र के सांस्कृतिक व आर्थिक विकास का अहम हिस्सा रहे है यह भारत के विकास से सम्बन्धित वह वैश्विक मार्ग है जिन्हें पिछले 70 वर्षों से सुरक्षा के नाम पर देश के राजनीतिक पिंजरे की सीमाओं में बन्द कर रखा था- अर्थात अब वह समय है कि विश्व समुदाय भारत की जनता द्वारा पूर्ण बहुमत से चुने गये योग्य राजनीतिक नेतृत्व के द्वारा जमीन से लेकर आसमान तक के मुद्दे पर लिए गए जरूरी निर्णयों के कारण भारत में विकास की असीमित जमीनी सम्भावनाओं को देख रहा है।

❖ घरेलू उत्पादन से, वैश्विक व्यापार की ओर

"भारत के घरेलू उत्पादन में विविधताओं का विकास, भारतीय व्यापार को वैश्विक व्यापार तक विस्तृत विकास करने के लिए प्रेरित कर रहा है, जो बहुत जल्द देश के आर्थिक विकास का मजबूत स्तम्भ साबित होगा"

इरफान (व्यापारी)

हिन्दुस्तान, एक प्राचीन विकसित संस्कृति है हिन्दुस्तान का उदय किसी धार्मिक विचारधारा से नहीं हुआ है यह भारत की भौगोलिक पहचान है इस सनातन संस्कृति ने समुदायिक धर्म के विपरीत, मनुष्य के विकास को विशेष महत्व दिया है इस सम्यता में मानव जीवन का हर आयाम पूरी स्वतंत्रता के साथ विकसित रूप में घटित हुआ है, चाहे वह आर्थिक तरक्की की बात हो या अध्यात्मिक तरक्की की बात हो, भारत ने अपनी सभी भुजाएँ खोलकर विकास किया था इसलिए इस महान राष्ट्र का प्रत्येक पहलू समावेशी है, भारत ने विश्व की सभी संस्कृतियों को अपने साथ आत्मसात किया है अगर बीते हजार वर्षों में भारत के आर्थिक विकास की बात करे तो भारत अतीत में वेश्विक व्यापार का बड़ा केन्द्र रहा है अतीत में विश्व के साथ भारत के व्यापारिक सम्बन्ध इतने सहज और विस्तृत थे कि भारत का हर प्राचीन शहर व्यापार के प्रमुख केन्द्रो में शामिल था विविधताओं से सम्पन्न हमारे देश में हर जरूरी वस्तु उपलब्ध थी- लेकिन पिछले कई सौ वर्षों तक चली बाहरी हमलों की त्रासदी ने भारत के सभी व्यापार मार्गों व आन्तरिक व्यापारिक तंत्रों को अस्तव्यस्त कर दिया, उस समय हमारे पूर्वजों द्वारा विश्वभर में विकसित किए गए व्यापारिक सम्बन्धों व मार्गों ब्रिटिश शासन द्वारा दुरूपयोग किया गया जिससे हमारे आर्थिक तंत्र को बहुत नुकसान हुआ अंग्रेजो के जाने के बाद आजादी भारत की प्रथम सरकार को विश्व के साथ भारत के व्यापारिक सम्बन्धों को पुनः विकसित करने के लिए कई, अवसर मिले लेकिन 60 वर्षों तक भारत के आर्थिक विकास के महत्वपूर्ण माध्यम (व्यापार) को पुनः वैश्विक स्तर पर पहुंचाने के लिए जरूरी कदम नहीं उठाए, लोकतांत्रिक राष्ट्र की आजाद महत्वाकाक्षाओं को राष्ट्र सुरक्षा के नाम पर सीमाओं में समेट कर सीमित कर दिया। जो लोग आज तक पाकिस्तान के मुद्दे से कतराते रहे है उन्होंने ही पाकिस्तान को जन्म दिया।

60 वर्षों तक बनी रही इस तुच्छ राजनीति का राजनेताओं ने जमकर फायदा उठाया परिणाम स्वरूप देश की आर्थिक तरक्की के ज्यादातर ठाँचे और योजनाओं के शिलान्यास का शिलालेख बनकर रह गए है, महत्वपूर्ण योजनाओं पर किए गए वायदे जमीन की बजाय फाइलों में आगे बड़े और अन्त में गतिहीन हो गए।

फिर एक बार वैश्विक व्यापार

एक जागरूक पीढ़ी के तौर पर मुझे यह बात दोहराने में गर्व होता है कि वर्ष 2014, भारत के राजनीतिक इतिहास का सबसे ऐतिहासिक वर्ष रहा, उत्साह और जागरूकता से परिपूर्ण भारत के करोड़ो मतदाताओं ने राष्ट्रीय व क्षेत्रीय राजनीतिक दलों के आरोप-प्रत्यारोपो को दरकिनार कर एक जीवंत और ऊर्जावान नेतृत्व को देश की कमान दी गई विश्व की सबसे बड़ी लोकतांत्रिक प्रक्रिया आयोजित की गई जिसके तहत देश के मतदाताओं ने पूर्ण बहुमत की सरकार चुनकर विश्व समुदाय में स्थिर राजनीतिक प्रतिनिधि की उपस्थिति दर्ज कराई। भारत की जनता द्वारा लिए गए इस ऐतिहासिक निर्णय की विश्व समुदाय ने जमकर प्रसंसा की जिससे भारत के आर्थिक विकास के अंतराष्ट्रीय मुद्दों को जमीनी गति मिली है।

व्यापार के सम्बन्ध में।

वर्ष 2014 से पहले भारत में व्यापार व्यापारियों (उद्यमियों) का बाजार न बनकर भ्रष्टाचारियों का बाजार बन गया था, जिसके कारण छोटे और मध्यम वर्गीय साफ सुधरी छवि वाले व्यापारियों को भारी समस्याओं का सामना करना पड़ रहा था, उस समय देश

के ईमानदार व्यापारी के लिए वैश्विक व्यापार के बारे में सोचना दिन में सपने देखने जैसा था क्योंकि देश के व्यापारी वर्ग को सीधी सुविधा मुहैया कराने वाले सरकारी तंत्र पर दलालों व भ्रष्टचारियों का प्रभाव था, सभी प्रकार के व्यापारी वर्ग (छोटे-मध्यम और बड़े) को भी अपनी वस्तु को देश में एक जगह से दूसरी जगह पहुँचाने के लिए दलालों की गलियों से निकलना पड़ता था। लेकिन वर्ष 2014 में चुनी गई मजबूत मोदी सरकार ने भारत के समस्त व्यापारियों को क्षेत्रीय व्यापार से वैश्विक व्यापार तक पहुँचाने सपने को पूरा कर दिखाया है- मौजूदा मोदी सरकार की कार्यप्रणाली व्यापारियों के लिए अवरोध न बनकर सहयोगी साबित हो रही है, सरकारी कार्य प्रणाली में जो पारदर्शिता आई है उसके कारण देश का उद्योग तंत्र सहजता से आगे बड़ रहा है- जिससे प्रेरित होकर देश के युवा भाई बहन भी उद्यमी बनने के लिए आगे आ रहे है।

विदेशी दुष्प्रभाव से मुक्त व्यापार

पिछले सौ वर्षों में हुए अत्यधिक उद्यौगीकरण के कारण भारत विश्व के लिए एक बड़ा बाजार बन गया था पिछली सरकारों (कांग्रेस) की राजनीतिक लापरवाही के कारण चीनी सामान का बढ़ता प्रभाव बाजार से भोजन तक पहुँच गया था जिसकी वजह से देश का आर्थिक ठाँचा तो कमजोर हो ही रहा था- साथ ही देश की जनता के स्वास्थ्य से भी खिलवाड़ किया जा रहा था लेकिन मोदी सरकार की सहयोगी भूमिका के चलते भारत के समस्त व्यापारी अपने-अपने कार्य क्षेत्र से चीनी व कमजोर बाहरी सामान को देश के बाजार से बाहर करने में सफल रहे। इससे देश के अर्थ तंत्र को दोहरा फायदा हुआ है।

1. माननीय प्रधानमंत्री श्री नरेद्र मोदी जी के अथक प्रयासों से अत्याधुनिक तकनीक के द्वारा देश में विभिन्न स्तरों पर स्वदेशी वस्तुओं को निर्मित करने के सपने को सफलता मिली है। जिससे देश के व्यापार जगत को विदेशी कम्पनियों के द्वारा की जाने वाली मनमानी से मुक्ती मिली है।

2. पिछले कई वर्षो से भ्रष्टाचार और विदेशी कम्पनियों के अत्यधिक हस्तक्षेप के कारण बीमार पड़े भारतीय उद्योग जगत को, मोदी सरकार के सहज सहयोग मात्र से पुनः आगे बढ़ने तथा भारत के आर्थिक विकास का अहम सहयोगी बनकर देश की सेवा करने की नवीन सम्भावनाओं को जन्म दिया है परिणाम स्वरूप व्यवसाय उद्योग अथवा व्यापार की जो धारणा कुछेक बड़े उद्यमियों तक सीमित थी अब वह आर्थिक विकास के एक स्थिर विकल्प के तौर पर जन-जन तक पहुँची है, जिससे रोजगार की तलाश में भटक रहा शिक्षित भारतीय युवा अब उद्यमी बनकर कम शिक्षित लोगों को रोजगार दे रहा है- वह देश के आर्थिक तंत्र तथा सीमित संसाधनों पर बोझ न बनकर देश के सर्वांगीण विकास में अहम योगदान दे रहा है।

❖ सबका साथ सबका विकास

"समुदाय व जातिवाद आधारित विकास की गहरी जडो पर प्रहार।"

लेखक

"सफल प्रयास हो रहा विकास"

भारत सामाजिक व क्षेत्रीय विविधताओं से परिपूर्ण राष्ट्र है भारतीय समाज में जातिय समीकरण हजारो वर्षा से सन्तुलित सामाजिक व्यवस्था के चालक रहे है, परन्तु बाहरी हमलों और 300 वर्षा की अंग्रेजी गुलामी के बाद जब हम एक स्वतंत्र लोकतांत्रिक राष्ट्र के रूप में गठित हुए तब सामाजिक सन्तुलन की जगह समानता को दे दी गई- जिससे भारत की सामाजिक व्यवस्था में कई उतार-चढ़ाव आए तथा टकराव पैदा हुए।

पिछले 60 वर्षा में हमारे कुछ तुच्छ राजनेताओं ने अपनी राजनीतिक सत्ता के लिए जातियों व समाज के मध्य टकराव की इस स्थिति का भरपूर फायदा उठाया वह लोकतंत्र और कानून की आड में देश को जाति व वर्गो के चश्मे से देखते हुए अपनी सत्ता को साधते रहे- जिससे कानूनी तौर पर संगठित हमारे देश में सामाजिक असमानता तथा आपसी मतभेद बढ़ते गए- और अंत मे देश के राजनेताओं ने देश को धर्म और जाति के नाम पर असहिष्णु (असहनशील) घोषित कर पूरे विश्व में बदनाम किया लेकिन एक लम्बे राजनीतिक अन्तराल के बाद देश की जनता ने इस कुराजनीतिक षड्यन्त्र को समझते हुए वर्गो की राजनीति से परे अपने मत का प्रयोग देश हित में किया, देश के मतदाताओं ने लोकतांत्रिक प्रक्रिया के तहत अपने मताधिकार का सदुपयोग करते हुए एक सशक्त प्रतिनिध और मजबूत सरकार का चुनाव किया।

वर्ष 2014 में चुनी गई सरकार ने धार्मिक और जातिगत आकड़ो के आधार पर विकास के सम्बन्ध में अपनी गणनाए करते आए राजनीतिक पंडितों की सोच समझ से परे- राष्ट्रहित को सर्वोपरि मानकर सर्वजन हिताय सर्वजन सुखाय के साथ भेदभाव

मुक्त निर्णय लेते हुए देश हित में जरूरी जमीनी कदम उठाए- परिणाम स्वरूप पूर्व से पश्चिम तथा उत्तर से दक्षिण तक भारत की सभी समुदायिक व सामाजिक विविधताओं को हर स्तर पर विकसित करने पर काम किया है, शहरी और ग्रामीण क्षेत्र के मध्य विकास की असमानताओं में भारी कमी आई है, जिन बुनियादी सुविधाओं की कमी के कारा शहरी और ग्रामीण क्षेत्र के मध्य गहरी खाई बनी हुई थी उसे पाट दिया गया है, भारत सरकार ने देश में 9 करोड़ शौचालयों का निर्माण करवाया, प्रत्येक गाँव तक पक्की सड़क और बिजली पहुँचाई- जिससे महिलाओं पर होने वाले अपराधों में भारी गिराबट आयी और गाँव से शहरों की ओर हो रहे पलायन पर रोक लगी।

एक दशक पहले जो राष्ट्र यह आकड़े पेश करते थे कि भारत बुनियादी विकास के मामले में 20 वर्ष पीछे है आज उनकी दूरदर्शी राजनीतिक समझ व आकड़े हमें बताते है कि भारत सहज सामाजिक सन्तुलन के साथ विकसित राष्ट्र बनने की ओर बहुत तेजी से बढ़ रहा है।

अन्तोदय- देश के विकास की पंक्ति में खड़े उस अन्तिम नागरिक का विकास करना जिस तक दशकों से सरकारी योजनाएँ नहीं पहुँची है।

❖ आ रहे है- राम, राज्य का निर्माण करे।

विषय - "उन सभी संस्कृतिक, राजनीतिक व शुद्ध सामाजिक गुणो का पूर्ण जागरण जो भारत के संतुलित विकास के लिए बहुत आवश्यक है।"

राम राज्य

वर्तमान भारत लाखों वर्षों में विकसित हुई संस्कृति का एक समावेशी स्वरूप है, इस संस्कृति का निर्माण किसी खास समुदायिक विश्वास मत, सामिल धार्मिक विचारधारा से नहीं हुआ है भारतीय संस्कृति की विश्वास मत आधारित कोई पहचान नहीं है- इन्दु सागर (**India Ocean**) और हिमालय के मध्य की धरती को हिन्दुस्तान कहा जाता है यह हमारी जमीन से जुड़ी पहचान है चूँकि यह विश्वास मतों से ऊपर साधकों की धरती रही है इसलिए यहाँ जीवन के उच्च से उच्च स्तर की खोज हर स्तर पर लाखों वर्षों तक निरंतर जारी रही, इस बीच कई महान साधक इस संस्कृति को सर्वश्रेष्ठ कर्मों से पोषित कर अमरतत्व को प्राप्त कर चुके है उन्ही साधकों में परम साधक श्री राम है- जो इस सनातन संस्कृति के राजा और राजनीतिक तौर पर सर्वश्रेष्ठ आदर्श है- उन्होने मानव रूप में अपने जीवन को एक साधक की तरह पूर्ण स्पष्टता और सन्तुलन के साथ जीया- श्रीराम ने भौतिक तौर पर जीवन को उसके सर्वश्रेष्ठ स्वरूप में धारण किया उन्होने मानव जीवन में आने वाली प्रत्येक मुश्किल से मुश्किल परिस्थिती को सहजता से पार किया, श्रीराम ने एक राजा के तौर पर परिवार से ऊपर प्रजा हित को महत्व दिया, और एक ऐसे आदर्श सुशासन की नीव रखी जिसमें प्रजा हित (देशहित) सर्वोपरि था- इसलिए हजारो वर्षों के बाद भी आज जब हम राजनीतिक सुशासन की बात करते है तो इस महान संस्कृति के आदर्श श्रीराम के शासन काल का जिक्र "राम राज्य" के नाम से किया जाता है।

ध्यान रहे कि इस सन्दर्भ का अर्थ यह नहीं है कि उन्होंने अपने पारिवारिक कर्तव्यों का पालन करते हुए परिवार के प्रति प्रत्येक जिम्मेदारी को सहजता से नही निभाया- चाहे वह फिर वैवाहिक जीवन की जिम्मेदारी हो या प्रजाहित के लिए अपने सर्वस्व का त्याग करना, श्रीराम ने कठिनाइयों से भरे जीवन में

सम रहते हुए, परिस्थितियों के अनुसार बर्ताव किया- यह सभी वह गुण है जिन्हें प्रत्येक राज्य व राष्ट्र अपने प्रतिनिधि में देखना चाहता है अतः इसीलिए हजारो वर्षो के बाद आज भी हम सहज व सन्तुलित जीवन के आदर्श "श्रीराम" के समक्ष झुकते है।

नोट- हिन्दु या हिन्दुत्व विश्वासमत से भ्रमित हुआ समुदाय अथवा धर्म नहीं है यह एक जीवंत स्वतंत्र तथा सन्तुलित जीवन शैली है इसलिए इस जीवंत संस्कृति पर Liberlism की last लाइन तक सीमित लोगों तथा धार्मिक विश्वासमतों तक सीमित धर्म के जानकारों को इस पर कट्टरता या सर्व असहिष्णुता (Intorlerance) का आरोप नहीं लगाना चाहिए, अगर उनके पास जरूरी बोध तथा स्पष्ट दृष्टि है तो वह उसका सहज इस्तेमाल करे और इस संस्कृति को वैसे ही देखे जैसी यह वास्तव में है- पूर्णतः गतिशील, सहज, सन्तुलित, स्वतंत्र और समावेशी।

जय हिन्द

वह प्रमुख कार्य बिन्दु जिनकी देश को दशको से जरूरत थी।

1. राजनीति में "राम राज्य"

"स्वच्छता सिर्फ जमीन तक सीमित नहीं रहनी चाहिए यह हमारे सभी राजनेताओं और नागरिकों के विचारों, कार्यो, व्यवहार और जीवन शैली में समाहित होनी चाहिए तभी देश को हर प्रकार की गंदगी से बाहर निकाला जा सकता है।"

विश्व भर में पिछली सदियों के दौरान जिस तरीके से अंधाधुन्ध संसाधनों का दोहन करते हुए आधुनिक विकास किया है उसने

समस्त प्राणीजात के भविष्य को धूल में मिला दिया है, विश्व भर में मनुष्य ने यह विकास कुछ ऐसे किया है जैसे वह इस धरती पर मनुष्य की आखिरी पीढ़ी है। या इसके बाद यहाँ कोई जीवन नहीं होगा यह विकास करने का सबसे लापरवाही पूर्ण तरीका है अंधाधुन्ध विकास के निशान अभिसाप बनकर विश्व के राजनीति के नीतिकारों की सोच पर सवाल खड़े हो रहे है। उनमें भारत के नीतिकार भी शामिल है।

आज विश्व जिस "राम राज्य"को राजनीतिक सेवा शासन का सबसे आदर्श आधार मान रहा है, राजनीतिक तौर पर भारत को "राम राज्य" की कई वर्षा से जरूरत थी। यह किसी सीमित व खास विचार धारा से प्रेरित पहलू नहीं है यह राष्ट्र सेवा का समावेशी व जरूरी लक्ष्य है इसलिए "राम राज्य" को सीमित राजनीतिक चश्में से नहीं देखा जाना चाहिए- भारत लम्बे समय तक कई तरह के उतार-चढ़ावों में अस्त-व्यस्त रहा है, लेकिन अन्तिम स्थिति में भी राम के आदर्श यहाँ जीवित रहे, इस मिट्टी की माँग के अनुसार जिस तरह श्रीराम ने अपने आदर्शो से इस धरती को सींचा था उसके परिणाम में इस

संस्कृति को इस युग में भी महान मानव प्राप्त हुए- श्रीराम से प्रेरित राष्ट्र सेवा के उन आदर्शो की डोर पकड़कर चले साधारण मनुष्य मोहनदास करमचन्द्र गाँधी को राजनीतिक तौर पर महात्मा गाँधी में बदल दिया और नरेन्द्र को अध्यात्म के विवेकानन्द (बोद्ध के स्वामी) में रूपान्तरित कर दिया। इन महापुरूषों ने अपना सर्वस्व त्यागकर भारतीय संस्कृति को सुरक्षित रखकर उसका विस्तार किया।

इसलिए वर्तमान भारत को लम्बे समय से ऐसे नेतृत्व की जरूरत थी जो पूर्ण राजनीतिक सन्तुलन और समावेशी कार्यप्रणाली

के साथ देश की सांस्कृतिक गरिमा को बढ़ाते हुए सहज विकास के मार्ग पर अग्रसर हो इस प्रकार के सन्तुलित नेतृत्व की माँग दशकों से देश की राजनीतिक में की जा रही थी जो वर्ष 2014 में पूरी हुई वर्ष 2014 में देश की जनता ने "भारत की भावना से देश की जमीनी जरूरतों को ध्यान में रखते हुए एक मजबूत नेतृत्व का चुनाव किया, जिसने जनता की बुनियादी जरूरतों को ध्यान में रखते हुए मजबूत कदम उठाए, और राजनीतिक शासन की अहंकार पोषित विचारधारा को राजनीतिक सेवा में तब्दील कर दिया।

राष्ट्र के पुनःनिर्माण की जो भावना आज देश में नजर आ रही है वह श्रीराम के राज्य सेवा सिद्धान्त से सम्बंधित है यह मोदी सरकार की राजनीतिक सेवा का प्रभाव है कि अब देश की राजनीति में आने वाले युवा नेता बौद्धिक समझ और सन्तुलन के साथ राष्ट्रीय शासन को इच्छा से विपरीत राष्ट्रीय सेवा के उद्देश्य से देश की राजनीति में आगे आ रहे है अतः देश की दूषित राजनीति को पूर्णतः स्वच्छ और पारदर्शी बनाने के लिए "राम राज्य" की ओर इस तरह कदम बढ़ाने की जरूरत है।

नोट- "राम राज्य" यह एक ऐसा परम आदर्श सत्य है, जो किसी भी लोकतांत्रिक और गैर लोकतांत्रिक राजनीतिक सेवा शासन के सहज संचालन के लिए विशेष महत्व रखता है आखिर प्रत्येक लोकतांत्रिक अथवा गैर लोकतांत्रिक प्रणाली का मुख्य उद्देश्य कम से कम टकराव के साथ राष्ट्र का संचालन करते हुए देश की जनता का विकास करना ही तो है- इसलिए इस प्रकार के सहज संचालन के लिए "राम राज्य" की विचारधारा को प्रथम प्राथमिकता देने की आवश्यकता है। क्योंकि जिस तरह श्रीराम ने जिस आदर्श ढंग से राज्य का संचालन किया वह प्रत्येक विचारधारा तथा कार्य प्रणाली के साथ सहयोगी है बाहरी और अंदरूनी राजनीतिक दलालों ने उन

पर हर प्रकार सेहमले किए, दुनिया ने इस समावेशी राजा की ओर बहुत कुछ फेंका परन्तु वह प्रत्येक स्थिति में सन्तुलन के साथ राज्य कल्याण के प्रति समर्पित रहे एक रोचक तथ्य यह भी है कि वह इस समावेशी संस्कृति के राजा थे इसके उपरान्त भी वह राज्य सिंहासन पर राज सेवक की भावना से विराजमान हुए- इसीलिए हम बार- 2 इस बात को प्राथमिकता दे रहे है कि "राम राज्य" की भावना ही वह गुण है जिसकी भारत को लम्बे समय से जरूरत थी पिछले 70 वर्षों से भारत पर राज करने वाले राजनीतिक दल ने सिर्फ शासनकर्ता की दृष्टि से राज किया है- जबकि यह राजनीतिक शासन "सेवा" की दृष्टि से किया जाना चाहिए था जिससे कि विपरीत परिस्थितियों में पूर्ण संन्तुलन के साथ सहज रहते हुए देश हित में जरूरी निर्णय लेने में सक्षम हो मगर ऐसा नहीं हुआ और लम्बे समय बाद देश की जनता की राजनीतिक जरूरत वर्ष 2014 में पूरी हुई।

"श्रीराम के भव्य स्वागत से पहले उनके राज्य (भारत) को स्वच्छता से स्वागत योग्य बनाने पर काम किया"

अज्ञात

2. स्वच्छता से "राम राज्य" की ओर

"स्वच्छता" एक परम पवित्र वाक्य है, स्वच्छता की गहरी जमीनी भावना के बिना किसी भी पारिवारिक, सामाजिक, राष्ट्रीय स्तरीय तंत्र को सुचारू रूप से नही चलाया जा सकता। परिवार, समाज व राष्ट्रीय तंत्र की सभी बाहरी और आंतरिक गतिविधियों को विकास की ओर जारी रखने के लिए स्वच्छता के सभी आयामों का होना आवश्यक है, जिससे कि परिवार, समाज और राष्ट्र बीमारी मुक्त, भ्रष्टाचार मुक्त तथा विवाद मुक्त रहते हुए स्वास्थ्य समृद्धि

और सदभावना के साथ सहज विकास कर सके। अनादिकाल से भारतीय संस्कृति में स्वच्छता को विशेष महत्व दिया गया है चाहे वह राजतंत्र की कार्य प्रणाली हो या परिवार की, हर भौतिक, व्यवहारिक कर्म के स्तर पर स्वच्छता को महत्व दिया जाता था, इस संस्कृति ने स्वच्छ आहार, स्वच्छ व्यवहार तथा स्वच्छ विचार आदि बुनियादी पहलुओं की निर्मलता को बनाये रखने पर बल दिया। परन्तु जब इस संस्कृति पर बाहरी हमले हुए तथा लम्बे समय तक गुलामी के कारण सबकुछ अस्त व्यस्त हो गया और हमारी संस्कृति व समाज तमाम तरह के भ्रमों से दूषित हो गई।

इसलिए वर्षों से भारत और इसकी सनातन संस्कृति पर जमे कचरे को साफ करने के लिए मोदी सरकार ने देश व्यापी स्वच्छ भारत अभियान चलाया जो आज एक जन आन्दोलन के रूप में देश को हर प्रकार की गन्दगी की गर्त से बाहर निकालने के लिए पूर्ण समर्पण और समर्थन के साथ आगे बढ़ रहा है देश की जनता और सरकार स्वच्छता के माध्यम से भारत को श्रीराम के स्वागत योग्य बनाने के लिए पूर्ण भागीदारी के साथ काम कर रहे है जिससे देश की राजनीति में "राम राज्य" की भावना को पुनः बल मिल रहा है।

"राम राज्य इस संस्कृति का अतीत नहीं बल्कि इस देश की सनानत संस्कृति के साथ-साथ वैश्विक राजनीति का वर्तमान और भविष्य है।"

सद्गुरू

"श्रीराम को सीमित धार्मिक मान्यताओं में समेट देना या उन्हें किसी खास धार्मिक मत के चश्में से देखना भारतीय संस्कृति और राजनीति के विकास में सबसे बड़ी रूकावट है।"

नोट-

(बहुत जल्द "मोदी संशोधित भारत" (The Modified India) श्रंखला का भाग-2 प्रस्तुत किया जायेगा जिसका विषय- वर्तमान और भविष्य की पीढ़ियों के विकास की जमीनी सम्भावनाओं पर प्रकाश डालना है)